Inhalt

Für Edeltraud – Gefährtin im Leben und im Beten

Das Vaterunser – das „Gebet der Gebete"?!

In Stuttgart, wo ich wohne, gibt es im Rathaus einen sogenannten Paternoster. Es ist eine Aufzugform, die heute sehr selten geworden ist. Man kann – so man in eine Kabine gelangt ist – darin bleiben und weiterfahren, so lange man möchte. Wie Perlen an einer Schnur sind die Kabinen aneinandergereiht und bringen die Passagiere von Stockwerk zu Stockwerk.

Auch die Bitten des Vaterunsers sind nacheinander aufgereiht wie Perlen an einer Schnur. Mich erinnert das an die Praxis der Gebetsschnüre. Und tatsächlich gibt es im katholischen Brauchtum eine Paternosterschnur, eine Art Zählschnur für das Beten. Bestimmte Kugeln auf der Schnur deuten an, dass nun das Vaterunser (lateinisch: Paternoster) gebetet werden soll. Davon abgeleitet hat der Paternoster seinen Namen erhalten. Das Vaterunser war also ein so geläufiges Gebet, dass es diese Assoziation ausgelöst hat: Bitten wie Perlen an einer Schnur.

Christen sprechen viele verschiedene Gebete. Sie beten täglich, wöchentlich, hin und wieder. Sie beten in sehr persönlichen Worten, sie verwenden vorformulierte Gebete. Sie danken in Situationen des Gelingens, der Bewahrung, der Gesundung. Sie suchen Trost und Kraft in Herausforderungen und in Situationen des Scheiterns, in Krankheit, Tod und Abschied.

Christen beten überall auf dieser Welt. Sie versammeln sich, formulieren gemeinsam Fürbitten, um Gott in der Ungerechtigkeit, Gewaltsamkeit oder sozialen Not ihres Lebens um Hilfe zu bitten: Sie beten für das Kommen einer neuen Wirklichkeit, die die Wirklichkeit dieser Welt beendet. Ob persönlich oder gemeinschaftlich: Christen sprechen Gebete – authentisch, persönlich, anrührend, bewegend.

Ist der Titel dieses Buches – Das Gebet der Gebete – nicht anmaßend, weil er die tausenden Bittrufe jedes Tages mindert, während er das Vaterunser als qualitative Steigerung behauptet? Weil er das Gebet der Gebete als Gipfel betrachtet, um alle anderen Gebete als überwundene Stufen des Betens anzusehen?

Ja und Nein. Ja, weil natürlich jedes Gebet, und sei es nur ein verzweifelter kurzer Hilferuf, vor Gott zählt. Und Nein, weil uns diese Formulierung letztlich auf den verweist, der als Jesus von Nazareth Gottes Nähe unter den Menschen gezeigt hat, der das Gesicht Gottes in Zeit und Geschichte ist.

Jesus Christus redet zu den Menschen, verkündigt das Reich Gottes und zeigt, dass es in ihm schon angebrochen ist. Er heilt, spricht Menschen von ihrer Schuld frei, ruft zur Umkehr und zum Neubeginn mit Gott auf. Er geht mit ihnen den Weg des Lebens. Auf diesem Weg gibt er ihnen – wenige – Worte des Gebets. Denn weniger ist mehr. Er schenkt sie, damit Menschen Worte für Gott haben, auch wenn sie sprachlos sind.

Deshalb dürfen wir Jesu Worte „das Gebet der Gebete“ nennen: Jesus selbst betet es uns vor. Wir können es beispielsweise sprechen, wenn uns kein eigenes Wort mehr zur Verfügung steht. So lässt es uns nicht in Sprachlosigkeit fallen.

Das Vaterunser ist das Gebet, das die Christenheit seit 2000 Jahren betet. Ein universales Gebet. Nicht nur im historischen Horizont, auch im gegenwärtigen. In dieser Welt wird sicher zu jeder Zeit an irgendeinem Ort das Vaterunser gebetet.

Ob persönlich, ob in Andachten, ob in Kirchen vor der versammelten Gemeinde, ob im Stillen oder öffentlich. Erklingt es auf der einen Seite der Erde als Abendgebet nach einem langen Tag, so stehen am anderen Ende schon Menschen auf, um das Vaterunser als Morgengebet zu sprechen.

Schon als Kind beeindruckte mich – manchmal mehr als die lange und schwierige Predigt des Pfarrers –, wenn nach längeren Fürbitten „endlich" das Vaterunser gesprochen wurde. Vielleicht spielte auch eine Rolle, dass das Ende des „Erwachsenengottesdienstes" nun absehbar war. Wie auch immer: Alle sprachen gemeinsam dieses Gebet, das Vaterunser. Alle konnten es, auch die, denen ich das vielleicht nicht zugetraut hätte. Alle beteten es, und die Glocken läuteten dazu. Ich stellte mir vor: Jetzt sprechen wir wie Gott; Gott selbst ist da in diesem Gebet. Es läutet. Wie bei meiner katholischen Tante bei der „Wandlung" in der Messe. Bei „uns" ist Gott im Vaterunser da.

Diese kindliche Faszination, die sicher nicht nur ich empfunden habe, hat sich mit den Jahren ein wenig verändert. Und dennoch: Es ist und bleibt für mich das Herrengebet.

Es gibt aber auch andere Erfahrungen: Für manche Christinnen und Christen klingt das halblaute Gemurmel wie ein halbherziges Herunterleiern von Formeln, die sie gar nicht mehr füllen können. Manchen fehlt der innere Bezug zur Bedeutung der Worte, die da gesprochen werden. Schuld, Versuchung, Reich – diese religiösen Begriffe sind im Alltag fast nicht mehr vorhanden. Sie müssen neu mit Erfahrungen und Bildern gefüllt werden, damit sie etwas in uns zum Klingen bringen.

Viele Menschen kennen das Vaterunser auch nicht mehr auswendig, weil sie es so selten sprechen, nur ab und an in einem Taufgottesdienst, bei einer Beerdigung oder am Heiligen Abend. Allerdings lässt sich die Erfahrung machen, dass es leicht ist, wieder einzusteigen, wenn doch so viele um einen herum dieselben Worte sprechen. Dann kann dieses Gebet wie ein tragender Teppich aus Worten sein.

Warum ist das Vaterunsergebet von solch einer tragenden Bedeutung, dass es 2000 Jahre lang im Christentum überliefert wurde und bis heute regelmäßig in Gottesdiensten gebetet wird? Warum ist es bis heute wichtig? Dieser Spur möchte ich in diesem Büchlein nachgehen. Ich lade Sie ein, die

Kraft des jahrtausendealten Gebets auch für sich neu zu entdecken.

Um noch einmal auf das Bild vom Paternoster zurückzukommen: Der Schriftsteller Heinrich Böll hat die Aufzugform auf eigene Weise mit dem Beten in Verbindung gebracht: „Es ist mit dem Beten, als wenn du vor einem Aufzug stehst und Angst hast, aufzuspringen. Du musst immer wieder ansetzen, aber dann auf einmal bist du im Aufzug drin, und er trägt dich hoch …“[1]

Vertraut und doch fremd – ein Blick auf das Vaterunser

Wir beten das Vaterunser im „vertrauten Rahmen“, in der Fassung, die sich zum Beispiel in unseren Gesangbüchern findet. Diese Fassung ist vielen von uns von Jugend an bekannt. Wir haben sie möglicherweise von klein auf im Gottesdienst gehört und später im Konfirmandenunterricht gelernt. Dadurch hat dieses Gebet uns in gewisser Weise geprägt.

Das Vaterunser geht zurück auf Jesus selbst. Deshalb hören wir im Gottesdienst oft die Formulierung: „wie Jesus uns gelehrt hat.“ Wir verweisen darauf, dass Jesus seinen Jüngern erklärt hat, wie sie beten sollen. Damit hat er auch Christen im 21. Jahrhundert ein Vorbild gegeben. Er hat gezeigt, wie es gehen kann, und daran halten wir uns bis heute, indem wir das Vaterunser sprechen. Ja, überhaupt, wenn wir beten. Denn „der betende Jesus ist nicht nur das Urbild, er ist die Voraussetzung für alles christliche Beten.“[2]

Gut zu wissen ist, dass das Vaterunser im Neuen Testament in unterschiedlichen Fassungen weitergegeben wird. Der Evangelist Matthäus gibt eine längere Form wieder (Matthäus 6,9-13) als Lukas (Lukas 11,2-4). Man vermutet, dass diese wegen der älteren Sprachform die ursprünglichere ist. Zu den beiden Texten aus den Evangelien kommt noch eine Fassung in der Apostellehre (Didache 8,2) aus der ersten Hälfte des 2. Jahrhunderts nach Christus, die der des Matthäus sehr nahekommt.

Geschichtliche Quellen belegen, dass das Vaterunser bereits von den ersten Christen gebetet wurde. Eine unglaubliche Tradition! Wir beten mit Worten, die die Jünger von Jesus gelernt und geerbt haben.

Eine unglaubliche Tradition! Wir beten mit Worten, die die Jünger von Jesus gelernt und geerbt haben.

Dieses Büchlein hat nicht die Zielrichtung, die sprachlichen Details der unterschiedlichen Fassungen zu diskutieren. Wir wollen uns mit dem heute von uns gebeteten und gesprochenen Vaterunser beschäftigen und überlegen, wie wir es verstehen können. Freilich geschieht dies vor einem wissenschaftlich diskutierten Hintergrund. Auf diesen möchte ich deshalb kurz eingehen:

Eduard Lohse, ein exzellenter Kenner der Diskussion zur Auslegung des Vaterunsers, ja zum Verständnis des Neuen Testaments, fasst zusammen, dass die sieben Bitten, die das Matthäusevangelium überliefert, im kirchlichen Bereich üblich wurden, auch wenn anzunehmen ist, dass beide Varianten, nach Matthäus und nach Lukas, in Gebrauch waren.[3]

Die Unterschiede bestehen in der Anzahl der Bitten sowie im Wortlaut. Bei Lukas, der insgesamt fünf Bitten überliefert, fehlen gegenüber Matthäus „Dein Wille geschehe" und „Erlöse uns von dem Bösen". In der Anrede fehlt bei ihm der matthäische Zusatz „Vater *unser im Himmel*". Zudem gibt Lukas statt „Unser tägliches Brot gib uns heute" die Formulierung wieder: „Unser tägliches Brot gib uns Tag für Tag." Statt von „Schuld" wie bei Matthäus ist bei Lukas von Sünden die Rede: „Und vergib uns unsere Sünden; denn auch wir vergeben allen, die an uns schuldig werden."

Das Vaterunser ist ein poetischer Text. In seiner Ursprache, dem Aramäischen, steht es in Reimen.[4] Vielleicht können wir das heute noch nachempfinden, wenn wir die kurzen Sätze sprechen. Genau genommen sind es vor allem kurze Bitten, die das Vaterunser ausmachen, abgesehen von der Anrede und der sogenannten Doxologie, dem Lobpreis Gottes, am Schluss.

Vater unser im Himmel,
geheiligt werde dein Name,
dein Reich komme,
dein Wille geschehe,
wie im Himmel, so auf Erden.
Unser tägliches Brot gib uns heute.
Und vergib uns unsere Schuld,
wie auch wir vergeben unsern Schuldigern.
Und führe uns nicht in Versuchung,
sondern erlöse uns von dem Bösen.
Denn dein ist das Reich
und die Kraft
und die Herrlichkeit,
in Ewigkeit,
Amen.

Nach der Anrede folgen drei Bitten in Du-Form: „Geheiligt werde dein Name. Dein Reich komme. Dein Wille geschehe.“ Die nächsten vier Bitten sind in Wir-Form gehalten: „Unser tägliches Brot gib uns heute. Und vergib uns unsere Schuld, wie auch wir vergeben unsern Schuldigern. Und führe uns nicht in Versuchung, sondern erlöse uns von dem Bösen.“ Die letzte der vier Wir-Bitten wird teilweise als eine einzige behandelt. Da sie jedoch zwei Aspekte beinhaltet, soll auch hier von insgesamt vier Bitten die Rede sein.

Das Vaterunser steht in den Evangelien in dem Zusammenhang, in dem Jesus seinen Jüngern erklärt, wie sie beten sollen. Bei Matthäus gehört das Vaterunser zur sogenannten Bergpredigt, einer größeren, sehr bildhaften Lehrrede Jesu (Matthäus 5-7). Hier kommen beispielsweise die berühmten Bilder vom Salz der Erde und vom Licht der Welt vor. Im Lukasevangelium reagiert Jesus auf die direkte Bitte eines Jüngers, ihnen beizubringen, wie sie beten sollen. So, wie es auch Johannes der Täufer seinen Anhängern beigebracht habe.

Interessant ist, dass Jesus im Matthäusevangelium Wert darauf legt, dass die Jünger nicht viele Worte machen sollen. Es geht nicht darum, vor Gott oder den anderen Menschen zu glänzen. Sondern wer bete, solle das still für sich tun. Jesus wendet sich gegen das Motto: „Viel hilft viel." Im Gegenteil: Er stellt im Vaterunser bewusst das zusammen, was für ihn unbedingt notwendig ist. Dabei beziehen sich die Bitten auch auf die Erfahrung Jesu selbst, wie wir sehen werden.

Schauen wir sie nacheinander an.

Vater UNSER IM HIMMEL

Die Anrede an Gott wurde zum Titel des Gebets: das „Vaterunser". Sie macht deutlich, dass Gott ein Gegenüber ist, zu dem man reden darf. Zudem ist es auf diese Weise nicht nur Jesu eigenes Gebet, sondern es schließt zugleich die Gemeinschaft der Gläubigen mit ein: „Vater *unser*". Und schließlich verweist es auf Gott als den „ganz anderen": „Vater unser *im Himmel*".

Der Theologe Heinz Zahrnt hat das Vaterunser als Jesu eigenes Glaubensbekenntnis bezeichnet. In der Tat erschließt es sich in besonderer Weise vor dem Hintergrund der Erfahrungen Jesu. Zugleich stehen seine Erfahrungen als Mensch und Gottes Sohn stellvertretend für die Erfahrungen menschlichen Lebens. So wird das Vaterunser auch zu unserem Gebet.

Vater

Mit der Anrede „Vater" eröffnet Jesus das Gespräch mit Gott. Für die Beziehung zu Gott ist es grundlegend, dass der Mensch mit Gott im Gespräch ist. Sonst könnte er nur über Gott sprechen, nicht aber zu ihm.

Jesus schenkt uns „seinen" Vater. Sein Vater im Himmel ist unser Vater. Das soll uns neu prägen.

In der biblischen Tradition begegnet die Anrede „Vater“ bereits bei den Propheten (vgl. Jesaja 64,7 oder Jeremia 3,4). Es muss etwas Besonderes sein mit der Vateranrede. Wie ein Kind seinen Vater ruft, so betet Jesus zu Gott. Und indem er die Jünger beten lehrt, gibt er ihnen diese vertrauensvolle Anrede weiter. Welch eine innige Verbindung zu Gott erben sie, und so auch wir!

Es ist keine endlose Distanz, kein dunkler Tunnel der Reise zu Gott; es ist kein fernes Ahnen, sondern: Vater! – direkt, konkret, persönlich. Die innige Beziehung Jesu zu seinem Vater hat die Jünger und die Gemeinde so berührt, dass sie sie im Gedächtnis bewahrten und davon weitererzählten.

Wir selbst haben ganz eigene „Vater-Erinnerungen“. Vielleicht denken wir gerne und mit angenehmen Gefühlen an sie. Je nach Lebensgeschichte gibt es jedoch auch Geschichten von persönlichen Verwundungen und Erfahrungen von Distanz und Kälte. Manche haben nie einen „eigenen“ Vater erlebt oder verklären sein Bild. Dies alles hören wir beim Klang des Wortes „Vater“ mit. Das sollten wir wissen und darum innehalten.

Jesus hat aus seiner ganz besonderen Nähe zu Gott von seinem Vater gesprochen. Und die ersten

Christen wussten von dieser Nähe. Sie findet ihren Ausdruck beispielsweise in den Briefen des Paulus: „Ihr habt einen kindlichen Geist, durch den wir rufen: Abba, lieber Vater!“ (Römer 8,15). „Weil ihr nun Kinder seid, hat Gott den Geist seines Sohnes gesandt in unsere Herzen, der da ruft: Abba, lieber Vater!“ (Galater 4,6).

In den Paulusbriefen finden sich überhaupt viele Bezüge zu dieser Anrede im Vaterunser. Wie wir sehen, verwendet Paulus das aramäische Wort für Papa („Abba“), das auch im Zusammenhang des Vaterunsertextes mitgedacht wird. Gott Vater zu nennen, öffnet eine Tür. Gott ist ansprechbar, er ist ein personales Gegenüber. Gerade dieses Gegenüber ermöglicht das Reden zu Gott, nicht über Gott. Teilweise wird die folgende Formulierung Johannes Brenz, teilweise wird sie Martin Luther zugeschrieben: Das Gebet sei ein „Reden des Herzens mit Gott“.

Gott Vater zu nennen, öffnet eine Tür. Gott ist ansprechbar, er ist ein personales Gegenüber.

Vor einiger Zeit sprach mich eine Nachbarin an: „Ich glaube zwar, dass es da etwas gibt, aber nicht so, wie es die Institution Kirche lehrt.“ Da sind wir schon fast bei „das Gott“. So hat die deutsche Politikerin Kristina Schröder in einem Interview von

Gott geredet.[5] Doch zu einem sächlichen Etwas kann man nicht beten, kann man keine Beziehung aufbauen. „Gott“ ist kein Platzhalter. Gott macht uns vielmehr durch das Vaterunser sprachfähig, mit ihm und von ihm zu sprechen. Jesus, Gottes Gesicht und Wort, spricht konkret: Vater. Er nimmt unsere möglicherweise negativen Assoziationen, die „Dissonanzen“ mancher Vater-Erfahrungen, in Kauf beziehungsweise korrigiert sie. Er überlässt unsere Welt nicht den Vaterbildern und Vatererfahrungen eigener Art, sondern stellt seinen Vater als Anredepunkt in die Mitte unseres Sprechens. Abgesehen davon, wie unser leiblicher Vater war: Wir haben einen vollkommenen Vater, mit dem wir in Beziehung treten dürfen, den wir in jedweder Situation ansprechen können.

Jesus überlässt uns nicht unseren Vaterbildern. In einem Akt der Spracheroberung sagt er „Vater“: Du, Vater, bist getrennt von mir und zugleich sagst du mir eine Nähe zu, die mir sonst niemand schenken kann.

Jesus hat dies in einer existenziellen Erfahrung getan: Im Garten Gethsemane spricht er seinen Vater ebenfalls in dieser vertrauten Weise an (vgl. Markus 14,36). Dabei wird deutlich: Gerade in der verzweifelten Situation rückt Gott nicht in die Ferne. Nein, er ist da, der Vater ist nah.

Auch wenn Jesu Beziehung zu „seinem Vater" nicht einfach auf uns übertragen werden kann, so spricht er uns das Vaterunser vor, gibt es in unsere Herzen und Münder. Jesus überlässt uns nicht unseren Vaterbildern. In einem Akt der Spracheroberung sagt er „Vater": „Du, Vater, bist getrennt von mir und zugleich sagst du mir eine Nähe zu, die mir sonst niemand schenken kann". Gott lässt sich ansprechen.

Vater unser

„Vater unser" heißt: Wenn ich dieses Gebet bete, ist es zum einen mein Gebet, aber es ist auch das Gebet der anderen um mich, es ist ein Gebet in der Gemeinschaft der Verschiedenen, die vor Gott stehen. Hier zeigt sich (wie auch in der zweiten Bitte um das Reich Gottes), dass es nicht nur um eine individuelle Komponente geht, sondern dass das Vaterunser auch für die Gemeinschaft von Bedeutung ist. Zwar empfiehlt Jesus, die Tür hinter sich zu schließen und still für sich zu beten. So zieht auch er sich immer wieder zurück, um allein Zeit mit Gott zu verbringen. Aber wenn das Vaterunser gesprochen wird, schwingt doch immer auch mit, dass es das Gebet der glaubenden Gemeinschaft ist. Ich stelle mich nicht in den Mittelpunkt, sondern ordne mich den Bedürfnissen unter, die die Gemeinschaft betreffen.

Vater unser im Himmel

Gott lässt sich also ansprechen. Das ist die eine Seite. Die andere ist: „Vater unser im Himmel". Wird die Nähe des Vaters durch die Worte „im Himmel" durchkreuzt?

„Vater unser im Himmel" heißt: Ich kann mir Gott nicht einfach zu eigen machen, ihn instrumentalisieren, zu einem Werkzeug für meine Interessen, zu einer Handpuppe meines Glaubens machen.

Wie oft haben wir in der Geschichte gesehen, dass zwei feindliche Heere aufeinanderstießen und auf Fahnen, Koppelschlössern stand: „Gott mit uns". Wie verbreitet waren früher Erziehungsmethoden, die den Vater im Himmel zum Ordnungspolizisten in der Kinderstube machten. Wie oft stehen wir auch heute in Gefahr, unsere persönliche Ansicht und Frömmigkeit mit der Wahrheit Gottes „in eins" zu setzen. Natürlich sollen wir unsere Diskussionen in Kirche und Gesellschaft dem biblischen „Maßstab" aussetzen. Und wir sollen auch Position beziehen. Aber Gott muss nicht für alles herhalten, was wir als persönlich richtig erkannt haben.

Gott im Himmel ist der Gott in seiner Eigenheit, in seiner Eigen-sinnig-keit, in seiner Unverfügbarkeit. Und doch habe ich das Vertrauen, dass mich da einer birgt, mir seine Nähe schenkt, für mich da ist, ob Tag und Nacht, an guten wie an schlechten Tagen. Weil ich Vater sagen darf.

Vater unser im Himmel

Du bist unser Vater
zu dir dürfen wir sprechen
Ich, wir
Du bist nicht unser frommer Besitz
sondern unser Vater im Himmel

Nahe
und doch nicht verfügbar
Du bist unser Vater
zu dir dürfen wir sprechen
jetzt und allezeit

Amen

Geheiligt WERDE DEIN NAME

In früheren Zeiten, auch in unserem Land, war bei einer Begegnung der Akt des „Sich einander Vorstellens“ von besonderer Bedeutung. Man „lüpfte“ den Hut, neigte sich einander zu, schüttelte sich die Hand und sagte: gestatten Müller, gestatten Meier.

Wer seinen Namen sagt, sich vorstellt, gibt etwas von sich preis, lässt einen Blick auf sich selbst zu. Bei manchem Stuhlkreis heutiger Tage kommen dann neben dem Namen auch noch Beruf, Familienstand, Hobbys und Ähnliches dazu.

Schon unsere Kindermärchen können etwas von der Macht der Namen erzählen. Rumpelstilzchen tanzt vor Freude, weil niemand seinen Namen weiß und es dadurch erpresserische Macht hat. Und viele Menschen heute schreiben ihre oftmals hämischen und bösen Kommentare in Internetforen oder Blogs unter einem Decknamen, also einem Kunstnamen, der ihre Identität verschleiert.

Andererseits ist es in unserer Gesellschaft gut, „einen Namen zu haben“. Wer so einen Namen hat – ob als Politikerin, Künstler, Schriftstellerin, Philosoph, Bischöfin oder Fernsehmoderator –, kann Säle füllen – manchmal auch ohne dass die Zuschauer vorher wissen, um was es an diesem oder jenem Abend überhaupt gehen wird. Das

Vertrauen bzw. die Vermutung ist da, dass es interessant und besonders werden wird – dafür steht „der Name".

Einen Namen haben – sich einen Namen machen … Vieles klingt mit, wenn wir mit uns fremd anmutenden Worten diese erste Bitte des Vaterunsers beten: „geheiligt werde dein Name". Dass Gott einen Namen hat, bedeutet, dass wir ihn persönlich ansprechen können. Er ist eben kein anonymer Gott irgendwo fern von uns. Mit seinem Namen stellt Gott sich uns vor. Wir dürfen und können ihn Vater nennen. Er lässt sich ins Herz blicken. Er ist der Gott, der sich mit uns Menschen auf den Weg macht. Die biblische Erzählung des Auszugs aus Ägyptenland, des Durchzugs durch die Wüste und der Ankunft im Verheißenen Land machen dies deutlich: Gott ist ein mitgehender, ein begleitender, ein sorgender Gott. Auf diesem Weg ist er bereit, seinen Namen zu nennen, sich selbst vorzustellen, als er Mose im brennenden Dornbusch erscheint (2. Mose 3): „Ich werde sein, der ich sein werde" – so der Name Gottes. Er wird im Judentum bewusst nicht ausgesprochen, sondern umschrieben. Darin zeigt sich eine große Ehrfurcht vor Gott. Schon die beiden Worte „der Name" können im Hebräischen für Gott stehen!

Wer Gott anspricht, hantiert nicht mit einer magischen Formel, einem „Sesam öffne dich", sondern verwendet eine Selbstvorstellung, eine Selbstbeschreibung, ja geradezu eine Selbstoffenbarung. Ich denke hierbei auch an den Ausruf des Propheten Jesaja: „Heilig, heilig, heilig ist der HERR Zebaoth, alle Lande sind seiner Ehre voll!" (Jesaja 6,3). So gesehen ist es Gott selber, der seinen Namen heiligt. Er, der Heilige, der Mitgehende, der Begleitende, der Ewige, er ist der Vater Jesu Christi. So wird er auch unser Vater. Gott ist nicht in Furcht einflößender Abgegrenztheit, sondern in heiliger Nähe.

Gottes heiliger Name steht dafür, dass er mit uns Menschen sein will: Lebensbegleitung, Wegbegleitung, Gegenwart und Zukunft sind in seinem heiligen Namen gegeben.

Gottes heiliger Name steht dafür, dass er mit uns Menschen sein will: Lebensbegleitung, Wegbegleitung, Gegenwart und Zukunft sind in seinem heiligen Namen gegeben. Der Grund unserer Existenz und unseres Lebens wird uns in seinem Namen deutlich gezeigt und unterstrichen – er ist für uns und wir leben für ihn. Er sagt deshalb: „Ich bin bei euch alle Tage bis an der Welt Ende" (Matthäus 28,20).

Doch sein Name ist ein heiliger Name und kein Spielball unserer Interessen, unserer Meinung. Wer den „Namen" Gottes im Munde führt, soll wissen, was er tut. Schon Martin Luther spricht im Kleinen Katechismus davon, dass wir mit Gottes Namen so umgehen sollen, dass wir ihn heiligen. „Wer aber anders lehrt und lebt, als das Wort Gottes lehrt, der entheiligt unter uns den Namen Gottes."[7]

Für Christen heute bedeutet eine Entheiligung des Namens, wenn die biblischen Erzählungen von Gott beiseitegeschoben werden und einem selbst gemachten Puzzle von religiösen Bildern weichen sollen – einem Konstrukt aus verschiedenen Religionen, persönlichen Einsichten und gesellschaftlichen Trends. Eine Entheiligung geschieht auch dort, wo ständig von Gott gesprochen wird, aber der Umgang miteinander und die Taten aneinander seinen Weisungen Hohn sprechen.

Von der Heiligung des Namens Gottes wird in vielen Zusammenhängen der Hebräischen Bibel gesprochen, zum Beispiel wenn es darum geht, seinen Geboten zu gehorchen. Viele Juden können sich auch in Verfolgungssituationen nicht vorstellen, ihren Glauben zu verleugnen; sie bekennen sich weiter zum Gott Israels und leben entsprechend. Wenn sie das den Märtyrertod kostet, so nennt man dies „Kiddusch haShem“, auf Deutsch: Heiligung des Namens.

Auch im Neuen Testament begegnet uns die Heiligung des Namens. Mit besonderem Nachdruck wird davon im Johannesevangelium gesprochen. Jesus betet zum Vater mit den Worten: „Verherrliche deinen Namen.“ Eine Stimme vom Himmel ruft daraufhin: „Ich habe ihn verherrlicht und will ihn abermals verherrlichen“ (Johannes 12,28).[8]

Wir werden als Menschen immer nur Bruchstücke zur Heiligung des Namens Gottes beitragen können. Dort, wo Einzelne beispielhaft im Namen Gottes etwas für andere tun und leisten, da wird sein Name geheiligt. Wir denken an Menschen wie Paul Schneider oder Dietrich Bonhoeffer und an ihren Widerstand im sogenannten Dritten Reich. Oder an Menschen wie Johann Hinrich Wichern, der sich im 19. Jahrhundert beispielhaft dafür eingesetzt hat, dass benachteiligte Menschen zu ihrem Recht kamen. Jeder Leser, jede Leserin möge im eigenen Gedächtnis suchen und Bilder und Personen finden, die Gottes Namen geheiligt haben.

Geheiligt werde dein Name

Ich denke an eine Frau, die als Christin für andere da sein möchte, die Hausaufgabenbetreuung für Kinder mit Migrationshintergrund, Nachbarschaftshilfe anbietet. Sie „spendet" Zeit, um anderen eine Perspektive zu geben. Jeder weiß, dass sie dies aus ihrer Glaubensbindung an Jesus Christus heraus tut.

Geheiligt werde dein Name

Ich denke an einen Bankangestellten. Nach Feierabend setzt er sich für seine Kirchengemeinde ein. Seine Erfahrungen in Finanzdingen helfen der Gemeinde, mit ihrem Geld verantwortlich hauszuhalten und eigene Akzente zu setzen.

Geheiligt werde dein Name

Ich denke an einen Journalisten. Er arbeitet bei einer Nachrichtenagentur. Im Minutentakt gehen Informationen und Meldungen ein und aus. Als überzeugter Christ will er seine Gaben auch für den Gemeindeaufbau einsetzen. So macht er den Gemeindebrief. Viele Menschen lesen ihn. Ihre Neugier auf den Glauben wird geweckt.

Vielleicht können Sie diese Liste weiterschreiben und Ihren eigenen Namen hinzusetzen?

In der Formulierung der ersten Bitte an Gott wird deutlich: Letztlich ist es Gott allein, der seinen Namen heiligen kann. Er lässt das in seinem Sohn selbst geschehen. Wer Jesus sieht, erlebt, wie Gottes Name geheiligt wird – bis hin zu Jesu Namensheiligung in seinem Tod.

Wer Jesus sieht, erlebt, wie Gottes Name geheiligt wird – bis hin zu Jesu Namensheiligung in seinem Tod.

Wenn Christen und auch Nichtchristen auf Jesus Christus blicken, auf sein Leben, auf sein Verkündigen, auf sein Heilen, auf seine Nächstenliebe, auf sein Beispiel, auf sein Versöhnen, auf sein Sterben und sein Auferstehen, dann heiligen sie den Namen Gottes, dann achten sie die Heiligung des Gottesnamens in Jesus Christus.

Ich denke auch an Paulus, der das neue Leben der Getauften als heilig bezeichnet. Ein Leben aus der Gnade und im Gehorsam gegen Gott ist heilig. Es heiligt den Namen Gottes. *Wir* heiligen den Namen Gottes.

Manchmal hat man heute den Eindruck, dass viele – auch sehr religiöse Menschen – die Heiligung Gottes an uns, die Rechtfertigung Gottes für uns nicht so richtig geschehen lassen können. Letztlich bricht sich dann immer das „olympische Heiligungsprinzip“ Bahn, wo durch eigene Anstrengung, durch moralische Höchstleistung oder durch (und sei es versteckte) Selbstrechtfertigung versucht wird, näher zu Gott zu kommen. Werkgerechtigkeit haben wir im Prinzip überwunden, in der Praxis bestimmt sie aber nach wie vor oft unser Denken und Handeln. Manche, die ihr Christsein leben wollen, brauchen so etwas wie einen Handlungsnachweis, dass sie auch wirklich, bewusst und richtig Zeugnis für Jesus Christus abgeben. Das führt zu Verkrampftheiten.

Vertrauen Sie sich wirklich dem Vater an? Zweifeln Sie an seiner Barmherzigkeit? Wenn Sie etwas tun – und Sie sollen es tun – dann in der Hoffnung: Herr, ich lebe mein Leben in deiner Gegenwart. Du hast die Gnade, es zu vollenden. Ich vertraue mich dir an!

Eine Diakonisse, die viele Jahre lang auf einer einsamen Station in Indonesien arbeitete, erzählte mir, dass sie immer wieder vom „Mutterhaus in Deutschland" nach der Zahl der Bekehrungen und Taufen gefragt wurde. Ihr Dienst war also – so schien es ihr – nur etwas wert, wenn sie einen bestimmten Erfolg vorweisen konnte. Das ist aus meiner Sicht fromme Werkgerechtigkeit …

Geheiligt werde dein Name – Ja, wir wollen uns in die Nachfolge Jesu, in die Heiligung des Gottesnamens rufen lassen und zugleich bitten, dass er selbst seinen Namen heilige, seinen Segen gebe. Wir wissen: Wenn sein Name geheiligt wird, dann wird es „heil" in der Welt, dann kommt das Heil zur Welt.

Wir wissen: Wenn sein Name geheiligt wird, dann wird es „heil" in der Welt, dann kommt das Heil zur Welt.

Wenn wir jene Bitte sprechen, leuchtet schon heute das Licht auf, das wir nicht selbst entzünden können.

Geheiligt werde dein Name

Vater, ich stehe vor dir
und will deinen Namen heiligen
Wie kann ich das?

Vater, ich stehe vor dir
und lebe meinen Alltag
meine Freundschaften
meine Hobbys

Vater, ich stehe vor dir
und versuche, barmherzig zu sein
gerecht, mitleidend, helfend
um deines Namens willen

Vater, ich stehe vor dir
und spreche das aus …
Heilige ich dich?

Vater, ich stehe vor dir

Amen

DEIN *Reich* KOMME

Man sieht die Bildfolge jenes Menschheitsfilms des Elends und der Unterdrückung in grässlicher Präzision und Eindringlichkeit vor sich: All die von Menschen gemachten Reiche der Unterdrückung, der Gewalt, des Krieges, der Straflager und Grausamkeit.

… Hitler, Stalin, Pol Pot, Kim Jong-il, Mao Tsetung, Idi Amin … Man könnte die Namensreihe noch lange fortsetzen. All die Diktatoren, Herrscher, Menschenschlächter, die sich als grenzenlose Machtmenschen an Gottes Stelle setzten und ihr Reich errichten wollten. Die die Menschen ihres Herrschaftsbereiches nur als Stufen ansahen, auf die man treten konnte, und sie wie Dreck oder Masse behandelten, um zu einem – wie auch immer gearteten – Ziel zu kommen. Manche Utopien, Visionen wurden zu furchtbaren Wegweisern des Terrors.

Doch es gibt auch Hoffnung im Elend: In den Schützengräben des Ersten Weltkriegs beteten Soldaten: Dein Reich komme! Ein Ruf der Elenden, Erniedrigten, Beleidigten, Hintergangenen, Hoffnungslosen und Kleinen, der Enttäuschten und Einsamen! Dein Reich komme!

Jesus weiß um das drängende Warten der Menschen seiner Zeit, um die vielen Gebete und Bittrufe der frommen Juden, dass Gottes Königsherrschaft bald anbrechen möge. Sie erwarten, dass dann die Schreckensherrschaft der Römer beendet sein wird, das Volk Israel in Ruhe leben kann. Endlich wird alles verwandelt sein. Jesus selbst stellt sein Kommen und sein Verkündigen in die Perspektive der neuen Wirklichkeit Gottes mit den Menschen, die aber nicht politisch zu sehen ist: „Die Zeit ist erfüllt, und das Reich Gottes ist herbeigekommen. Tut Buße und glaubt an das Evangelium“ (Markus 1,15).

Jesus verlängert nicht einfach die Wunschbilder seiner Zeit, sondern er selbst zeigt auf das Reich der Herrschaft Gottes, ja, er ist selbst das Gesicht dieses Reiches Gottes! Indem er Menschen heilt und sie wieder in die Gemeinschaft aufnimmt. Indem er mit allen Menschen Kontakt aufnimmt, welche Geschichten auch immer sie mitbringen mögen. Indem er Menschen willkommen heißt, die von der damaligen Gesellschaft geringgeachtet und ausgestoßen sind: Sünder, Zöllner, Prostituierte. Jesus begegnet den Menschen mit Liebe und Respekt und behandelt sie alle gleich.

Dein Reich komme!

Wir sehen Jesus Christus, der gekommen ist und Gottes Reich inmitten der Zeit aufscheinen lässt. Wenn wir auf sein Leben schauen, seinen Umgang mit dem Nächsten, seine Fürsorge, seine Vergebung, seine Heilung, seine Versöhnung und Hingabe, dann erkennen wir, wie das Reich Gottes Gestalt annimmt.

Das Reich, um dessen Kommen wir bitten, ist nicht ein unbekannter Stern, sondern die Wirklichkeit Gottes mit uns.

Das Reich, um dessen Kommen wir bitten, ist nicht ein unbekannter Stern, sondern die Wirklichkeit Gottes mit uns. Diese Wirklichkeit hat sich in Jesus gezeigt und deswegen halten wir die Orientierungskarte für das „Reich Gottes" schon in Händen. Jesus öffnet mit dieser Bitte die große Hoffnungstür. Nein, es bleibt nicht, wie es ist. Nein, Leid und Elend werden nicht das letzte Wort haben, auch nicht Gewalttat, Verrat, Mord und Gleichgültigkeit. Nein, die Gesänge des Zynismus und der Menschenverachtung, die Vermarktung und Zurschaustellung von Menschen werden nicht die ewige Melodie vorgeben. Nein, die Hoffnungslosigkeit wird nicht das regierende Hauptwort in einer Grammatik der Selbstbezogenheit sein.

Dein Reich komme!

Diese Bitte vermag die Augen zu öffnen: Wir lernen, Vorletztes und Letztes in unserem Leben zu unterscheiden und uns nicht einfach abzufinden mit dem, was Gottes Perspektive, so wie wir sie in der Verkündigung Jesu erkennen, widerspricht. Es ist erschreckend, dass Menschen aus Karrieregründen, aus finanzieller Gier, aus Eifersucht manchmal im wahrsten Sinn „über Leichen gehen". Man mobbt den Kollegen, um beruflich bessere Chancen zu haben. Aus Gewinnsucht wird – mitten in Europa – Menschenhandel getrieben. Gewissenlos werden Verbrechen an der Umwelt begangen. Viele halten den schnellen Erfolg, das schnelle Geld für das höchste aller Lebensziele.

„Dein Reich komme!" Diese Bitte weist auf eine Hoffnung, auf eine letzte Wirklichkeit hin, vor der alle unsere vordergründigen Ziele verblassen. Wer um das Letzte weiß, kann mit dem Vorletzten anders umgehen und schon im Vorletzten die Maßstäbe des Gottesreiches sichtbar machen.

Gott schreibt mit uns und durch uns Geschichte weiter, eröffnet uns eine neue Weite, die wir nicht selbst „machen" können, die wir uns nicht selbst geben können. „Wir haben hier keine bleibende

Stadt, sondern die zukünftige suchen wir“ (Hebräer 13,14). Dieser Vers formuliert, dass wir uns mit den Gegebenheiten nicht einfach abfinden, sondern dass wir auf der Suche nach Gottes Reich sind: „Trachtet zuerst nach dem Reich Gottes und nach seiner Gerechtigkeit, so wird euch das alles zufallen“ (Matthäus 6,33). Das heißt, dass wir in dem Wissen leben, dass dieses Leben nicht endgültig ist, sondern dass Gott sein Reich unter uns aufrichten will.

Dein Reich komme!

In der darauffolgenden dritten Bitte wird die doppelte Bedeutung von „jetzt“ und „dann“ ausdrücklich angesprochen: „Dein Wille geschehe, wie im Himmel, so auf Erden.“ Gottes Reich wird am Ende der Zeit anbrechen, aber es ist auch schon mitten unter uns spürbar. Das hat Jesus uns gezeigt. In dem Lied „Lass uns den Weg der Gerechtigkeit gehen“ wird sehr schön formuliert, wie sich unsere Bitte, dass das Reich Gottes kommen möge, und unsere Mitarbeit ergänzen, zur Hoffnung auf Gottes Reich hier und dort:

Dein Reich in Klarheit und Frieden,
Leben in Wahrheit und Recht.
Dein Reich komme, Herr, dein Reich komme.
Dein Reich des Lichts und der Liebe
lebt und geschieht unter uns.
Dein Reich komme, Herr, dein Reich komme.
Wege durch Leid und Entbehrung
führen zu dir in dein Reich.
Dein Reich komme, Herr, dein Reich komme.
Sehn wir in uns einen Anfang,
endlos vollende dein Reich.
Dein Reich komme, Herr, dein Reich komme.[9]

Zwischen den Strophen wird der Refrain gesungen: „Dein Reich komme, Herr, dein Reich komme." Unaufhörlich, unermüdlich ruft der Kehrvers nach dem Reich Gottes. Ich stelle mir vor, dass wir als Christen auch diesen langen Atem brauchen und immer und immer wieder singen und rufen: „Dein Reich komme, Herr, dein Reich komme." Denn wir erleben, dass wir Gottes Reich nicht herbeizwingen können. Dass wir noch in einer unerlösten Welt leben, die uns Krankheit, Trauer und Schmerz auferlegt. Es gibt Situationen – wenn nicht das ganze Leben –, wo wir uns auf Gott verlassen müssen und nichts anderes tun können, als zu rufen: „Dein Reich komme!"

Vor vielen Jahren stand ich in Makassar (Indonesien) vor den Trümmern eines niedergebrannten Pfarrhauses. Heftige Unruhen zwischen islamistischen Jugendbanden und Christen waren die Ursache für die Zerstörung. Die Pfarrerin sagte mir damals: „Seit meiner Kindheit weiß ich, was es bedeutet, unter dem Kreuz zu leben. Aber Gott begleitet und tröstet mich. Sein Reich wird eines Tages kommen." In dieser Erwartung möchte auch ich leben.

Dein Reich komme

Dein Reich komme!
Bald!
Dein Reich komme!

Zu all denen, die nichts zu hoffen haben
weil die Hoffnung sich aufgelöst hat
und doch der Seufzer da ist:
Dein Reich komme!
Damit der Schmerz des Unrechts, des Hasses,
der Friedlosigkeit aufhört
Dein Reich komme!

Damit wir wieder uns selbst sehen
und finden
in deiner Gegenwart
von Angesicht zu Angesicht
Dein Reich komme!

Bald!

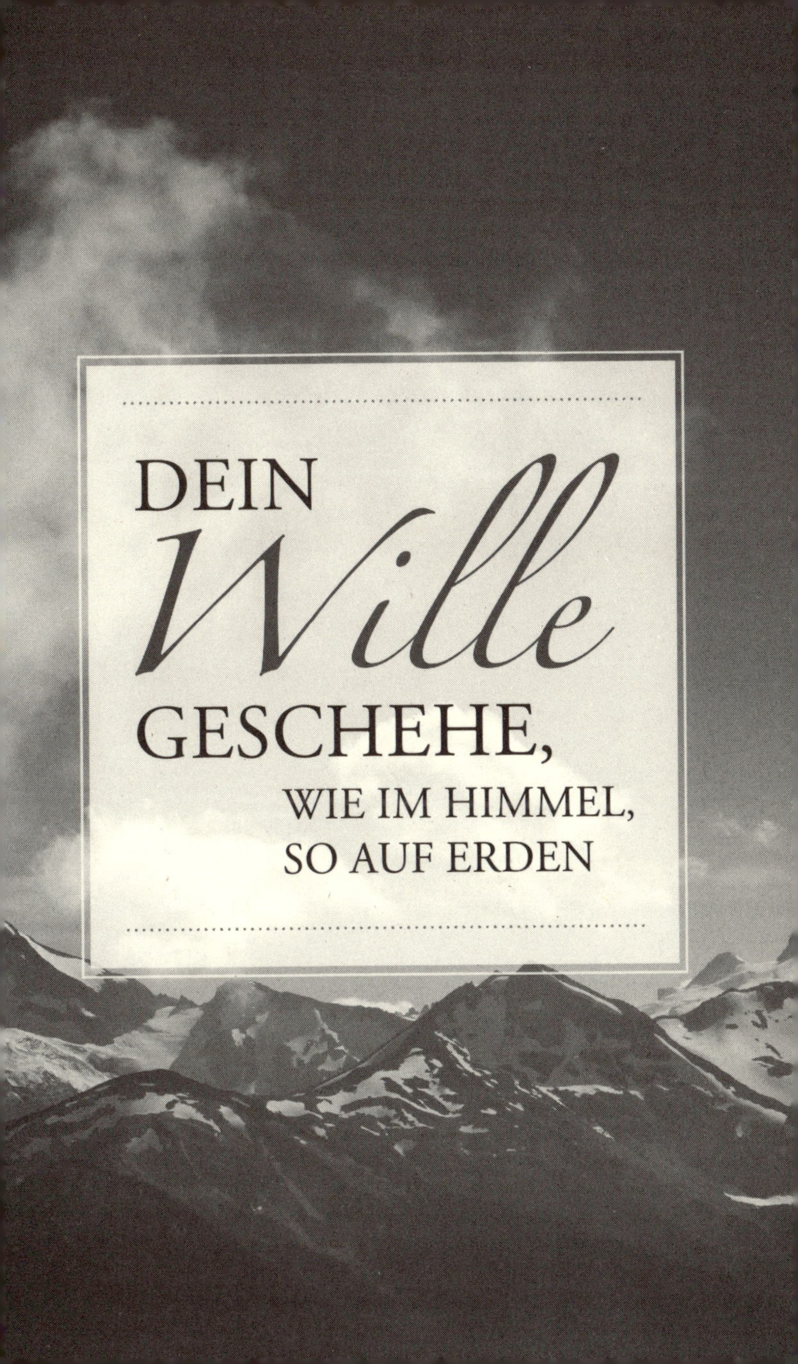

DEIN *Wille* GESCHEHE,

WIE IM HIMMEL, SO AUF ERDEN

Noch einmal kommt mir die Geschichte von Jesus im Garten Gethsemane in den Sinn. Jesus steht kurz vor der Verhaftung. Die Spannung in und um ihn steigt ins schier Unermessliche. Er betet, Angst überfällt ihn; am liebsten möchte er alles liegen und stehen lassen und gehen. „Mein Vater, ist's möglich, so gehe dieser Kelch an mir vorüber …" Doch dann endet er: „Doch nicht wie ich will, sondern wie du willst!" (Matthäus 26,39).

Und auch ein Lied steht mir vor Augen: „Von guten Mächten treu und still umgeben" von Dietrich Bonhoeffer. Im Gestapogefängnis sitzend, die unsichere Zukunft vor Augen, dichtet der akademisch hochgebildete Theologe Verse von eindringlicher Trostgestalt.

Und reichst du uns den schweren Kelch, den bittern,
des Leids, gefüllt bis an den höchsten Rand,
so nehmen wir ihn dankbar ohne Zittern
aus deiner guten und geliebten Hand.[10]

Hinter diesen Worten steht auch das „Dein Wille geschehe" – selbst dann, wenn es meinen eigenen Vorstellungen von Zukunft, Lebensgestaltung und Glück widersprechen sollte. Diese Bitte: „Dein Wille geschehe!" ist sicherlich die schwerste. Vor allem dann, wenn mein Wille nicht geschieht, meine Erwartung nicht erfüllt wird, meine Hoffnung begraben wird.

Dein Wille geschehe

Jene Bitte hat auch etwas Therapeutisches, Heilendes: am offenen Grab, in der zerbrochenen Beziehung, bei schwerer Krankheit, in der Ratlosigkeit verfehlter Bildungskarrieren. Man träumt sich nicht weg, sondern sagt erst einmal Ja zur Situation, beziehungsweise versucht, sie als Realität wahrzunehmen und anzunehmen. Zugleich wird in der Bitte die Hoffnung deutlich, dass selbst in dieser besonderen Lebensherausforderung noch ein „Sinn" steckt. Dass Gottes Geheimnis auch diese Zumutung meines Lebens in neuen Mut umgestaltet.

Die Bitte Jesu wird von den Umstehenden verstanden. In der jüdischen Tradition gibt es ähnliche Gebetsbitten, sie steht also nicht im luftleeren Raum. Sie erinnert freilich auch daran, dass die Gebote Gottes ein Ausdruck seines Willens sind: „Das Bekenntnis, das dem Willen Gottes die Ehre gibt, schließt die Verpflichtung ein, dem gebietenden Willen Gottes gehorsam zu sein. Sich in den Willen Gottes zu schicken, bedeutet daher zugleich, auf seine Gebote achtzuhaben und sie zu befolgen. In alten jüdischen Gebeten wurde gleichfalls ausgesprochen, Gottes Wille möge wie in der himmlischen Welt, so auch auf Erden werden."[11]

In der Bitte steht aber auch der letzte Ernst, das letzte Wissen darum, dass Gott allein es ist, der seinen Willen geschehen lassen kann. Diese Bitte macht uns klug: Sie öffnet unsere Augen, sie lehrt uns aufs Neue zu unterscheiden zwischen unserem Willen und dem Willen Gottes. Wie gut ist es, wenn viele Menschen auf dieser Welt beten: „Dein Wille geschehe, wie im Himmel, so auf Erden", in dem Wissen, wie Martin Luther formulierte: „Geschieht nicht, was ich will, so wird geschehen, was besser ist."

Diese Bitte macht uns klug: Sie öffnet unsere Augen, sie lehrt uns aufs Neue unterscheiden zwischen unserem Willen und dem Willen Gottes.

Dein Wille geschehe

Dein Wille geschehe!
Wie schwer zu sagen
an Krankenbetten, an Gräbern
bei Misserfolgen, verlorenen Beziehungen
Dein Wille geschehe!
Wie schwer zu sagen
bei Nachrichtenbildern, Erdbeben,
Katastrophen

Ist das dein Wille?

Dein Wille geschehe!
Der Atem geht freier in Enge und Angst
was ich nicht wenden kann
stell ich in deinen Horizont
Du trägst jetzt,
was ich nicht zu tragen vermag

Dein Wille geschehe!

UNSER
TÄGLICHES
Brot
GIB UNS
HEUTE

Diese Bitte steht in der Mitte des Vaterunsers. Die drei ersten Bitten beinhalten die Heiligung seines Namens, das Kommen seines Reiches, die Durchsetzung seines Willens. Bei den drei letzten Bitten geht es um zentrale Fragen des Menschseins, um Schuld, um Versuchung und Angefochten-Sein. Dazwischen steht die Bitte um das tägliche Brot.

Gerade um die Auslegung dieser Bitte gibt es unzählige fachwissenschaftliche Diskussionen: Darf man im „Brot“ mehr erkennen als ein konkretes Backwerk? Gibt es einen Zusammenhang zum Manna, zum Brot, das vom Himmel kam, um die Israeliten in der Wüste zu sättigen? Geht es um das Brot, das wir täglich essen? Oder um das Brot des Lebens, das sinnbildlich für unseren Glauben an das Evangelium steht? Ich halte diese Fragen für wichtig, möchte aber dennoch auf den nächsten Seiten vor allem meinen ganz persönlichen Zugang zur Bitte um das tägliche Brot beschreiben.

Es ist die erste der vier Wir-Bitten der betenden Gemeinschaft. Es geht um uns. Unser Leben, vielleicht auch unser Überleben kommt ins Spiel. Jesus lehrt uns, dass wir nicht alleine leben, nicht für uns leben, uns nicht alleine zu Gott drängen können. Auch in unserer Bitte, in unseren Bitten sollen wir den anderen im Blick haben – keinen Egoismus im Verteilen der Güter dieses Lebens, keinen Heilsegoismus im Zugang zu Gott. Jesus leitet nicht dazu an, dass ich für „mein Brot" bete. Der Mensch neben mir ist ebenso im Blick. Dass wir gemeinschaftlich bitten, entspricht dem Gebot der Nächstenliebe. Dass wir um heutige Erfüllung bitten, unterstreicht, wie dringlich der Inhalt dieser Bitte ist. Die Erfüllung soll nicht morgen erst geschehen. Vielmehr soll uns heute gegeben werden, was wir brauchen.

Diese Bitte ist ein Zeichen für die Leiblichkeit, für die Leibhaftigkeit unseres menschlichen Lebens. Sie ist eine Erinnerung an unsere Geschöpflichkeit und damit zugleich eine Erinnerung an Gottes ganze Schöpfung. Sie stellt unsere materiellen Verhältnisse, unsere Lebensverhältnisse, unsere Weltverhältnisse vor Gott. Die Art und Weise, wie sie das tut, ist beeindruckend. Es heißt nicht: Gib denen Brot, die so arm sind. Sondern: Uns allen gib Brot. Der Arme wird nicht abgetrennt vom Reicheren. Seine Armut ist auch Thema des anderen. Wer etwas mehr hat, hat kein Recht, sich deswegen einfach abzuwenden. Das ist

Der Arme wird nicht abgetrennt vom Reicheren. Seine Armut ist auch Thema des anderen. Wer etwas mehr hat, hat kein Recht, sich deswegen einfach abzuwenden.

wichtig für alle, die gern „Kirche für andere“ sein wollen.

Als Jesus diese Bitte ausspricht, ist er umgeben von Menschen, denen man nicht lange den Sinn dieser Bitte erklären muss. Viele sind Taglöhner, die nicht wissen, ob am nächsten Tag noch genügend da sein wird, um satt zu werden. Die Bitte um das tägliche Brot ist lebensnotwendig. Dabei geht es nicht darum, Vorräte anzusparen, sondern darauf zu vertrauen, dass Gott dafür sorgen wird, dass man das Nötigste hat.

Doch wer heutzutage in Europa lebt, vor allem in Nord- oder Westeuropa, den beschweren andere Fragen im Zusammenhang mit dem Essen. Ein Lebensmittelskandal nach dem anderen geht durch die Medien: „Fleischproduktion“, lange Fahrten mit eingesperrten Tieren über verschiedene Grenzen Europas, um Subventionen zu bekommen, Überproduktion, Verfallsdatum, Lebensmittel landen in der Tonne.

Gleichzeitig wächst die Zahl der Vesperkirchen, Suppenküchen und Tafelläden sowie der Menschen, die sich nicht mehr alles „leisten“ können. Lehrer stellen Mangelernährung bei manchen Kindern fest. Zum Glück gibt es vielerorts ein gesundes Schulmittagessen, das zudem für Kinder aus ärmeren Familien weniger kostet.

Diejenigen Generationen unter uns, die Krieg, Flucht und Nachkriegszeit erlebt haben, wissen aus eigenem Erleben noch davon zu berichten, was Brotarmut bedeutet. Tief haben sich diese Mangelerfahrungen der Seele eingeprägt. Angst, Neid, Diebstahl, Sorge – und so manches unerwartete Aufatmen prägen die Erinnerungen. An Kinder und Enkel werden die Erlebnisse weitergegeben. Immer ist der Unterton herauszuhören: Brot ist wertvoll. Es steht für mehr! Es ist ein Symbol fürs Überleben, nicht für das Ansammeln von Reichtümern. „Seid dankbar, dass wir genug Brot haben." Es darf nicht weggeworfen werden. Und es soll in keinem Haushalt ausgehen. Denn wer satt ist, blickt hoffnungsvoll in die Zukunft. Der kann seine Aufgaben in der Gegenwart gut ausfüllen. Der ist zufrieden und ausgeglichen.

Einige Jahre saß ich im Aufsichtsgremium der kirchlichen Hilfsorganisation „Brot für die Welt". Der Blick weitet sich auf die Regionen unserer Welt, die einen großen Mangel an Ressourcen haben. Kein sauberes Wasser, zu wenig selbstständig zu bebauendes Land, keine Gerechtigkeit, keine gute Gesundheitsfürsorge. Fast eine Milliarde Menschen auf dieser Welt leidet unter solchen Belastungen. Unser tägliches Brot gib uns heute! Welche Wucht, welche Bedeutung hat in diesem Zusammenhang nun eine solche Bitte? Gerade nach meinen Reisen nach Afrika, Asien und Südamerika stehen mir bei dieser Bitte in besonderer Weise die Männer, Frauen und Kinder vor Augen, denen ich begegnet bin.

Die weltweite christliche Kirche weiß, dass sie diese Brotbitte gemeinsam und vereint mit der ganzen Christenheit an Gott richtet. Sie weiß, dass die Armut der Christen und Christinnen im einen Erdteil auch die Christen und Christinnen im anderen Erdteil etwas angeht. Gern erinnere ich mich an die Elfte Vollversammlung des Lutherischen Weltbunds, an der ich teilnehmen konnte. Sie fand im Juli 2010 in Stuttgart statt und stand unter dem Motto dieser vierten Vaterunserbitte: „Unser tägliches Brot gib uns heute." Dort wurde klar zum Ausdruck gebracht: Wer im weltweiten Kontext um das tägliche Brot bittet, der fordert damit dazu auf, gemeinsam nach Antworten auf zahlreiche Ungerechtigkeiten zu suchen.

Die weltweite christliche Kirche weiß, dass die Armut der Christen und Christinnen im einen Erdteil auch die Christen und Christinnen im anderen Erdteil etwas angeht.

Täglich Brot zu haben, heißt dann: keinen Menschen aus der Gesellschaft ausschließen, gegen Armut kämpfen, sich für den Zugang zu sauberem Wasser einsetzen, die Eindämmung und Behandlung von HIV und AIDS unterstützen, interreligiöse Konflikte lösen helfen, gegen die Verletzungen von Menschenrechten vorgehen. So kann im einen Land die Bitte um das tägliche Brot Schutz vor häuslicher Gewalt meinen. Im anderen Land verwirklicht sie sich hingegen im Zugang zu einem kleinen Kredit, um einen Handel aufzubauen.

Das tägliche Brot sieht unterschiedlich aus und schmeckt verschieden. Je nachdem, in welchem Kontinent das Gebet gesprochen wird, wo die Betenden leben, welche Sprache sie sprechen und was auf den Feldern in dem jeweiligen Teil der Erde wächst, werden die Christen und Christinnen ganz unterschiedliche Bilder vor Augen haben. Der Lutherische Weltbund hat dies uns allen damals in Stuttgart plastisch, praktisch und eindrücklich vor Augen geführt. Wo die meisten Nahrungsmittel aus dem Meer kommen wie in den nordischen Ländern, ist das tägliche Brot der Fisch. Anderswo wie in Afrika ist es die Hirse, in Lateinamerika der Mais. Was bedeutet „tägliches Brot“ für Sie?

Martin Luther hatte ein feines Gespür dafür, dass mit dieser Bitte unsere ganze leiblich-materielle Lebenssituation vor Gott gestellt wird. Anschaulich zählt er auf: „Essen, Trinken, Kleider, Schuh, Haus, Hof, Acker, Vieh, Geld, Gut", und auch „gute Freunde, getreue Nachbarn und desgleichen."[12] Das meint doch: Unser soziales, unser gesellschaftliches Leben, unser Leben in seinen alltäglichen Bezügen steht vor Gottes Angesicht.

Zugleich öffnet diese Bitte den Blick für den anderen, die anderen. Sie erinnert mich daran, dass das Sorgen für Gerechtigkeit, die soziale Hilfe, der Kampf gegen den Hunger, das Eintreten für sauberes Wasser und angemessene Gesundheitsversorgung zum innersten Anliegen des Gebetes Jesu gehören. Diakonisches Handeln der Christen und der Kirchen sind also kein beliebig „Hinzugefügtes", sondern gehören zum Kernbestand der Leiblichkeit der Kirche.

Diakonisches Handeln der Christen und der Kirchen sind also kein beliebig „Hinzugefügtes", sondern gehören zum Kernbestand der Leiblichkeit der Kirche.

Das „Glühen" für die Frohbotschaft, für Mission, Evangelisation, Bildung ist immer auch diakonisch. Jesus Christus betet mit uns und für uns: „Unser tägliches Brot gib uns heute!"

Unser tägliches Brot gib uns heute

Du stillst Hunger an Leib und Seele
so sagen wir
Und doch sehen wir die Hungrigen,
die Kranken, die Chancenlosen dieser Welt
ohne Wasser, ohne Medizin, ohne Hoffnung

Zeigst du sie uns
weil wir hungern in der Seele
und deshalb nichts tun für
die Hungrigen am Leib?

Du stillst Hunger an Leib und Seele
so sagen wir
Erneuere uns!
Damit wir denen zum Brot dienen,
die hungern und leiden
und sie uns dienen, um die Seele
deiner Barmherzigkeit zu finden

Unser tägliches Brot gib uns heute!

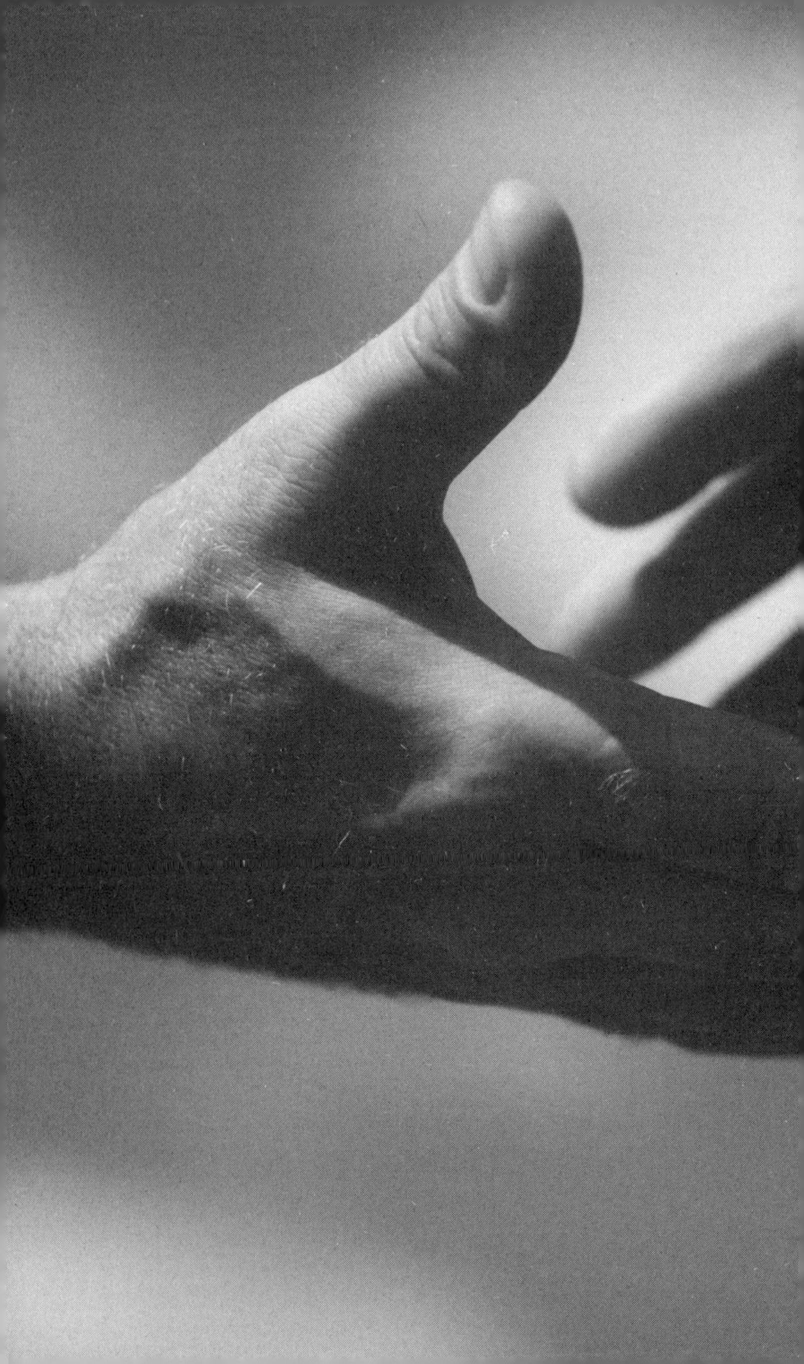

VERGIB UNS UNSERE

Schuld,

WIE AUCH WIR
VERGEBEN UNSERN
SCHULDIGERN

Die Vergebungsbitte ist für mich eine sehr zentrale Bitte des Vaterunsers. Ich denke an Menschen, die beim Vaterunser-Beten im Gottesdienst eigens auf diese Bitte warten und sie ganz bewusst mitsprechen. Sie kommen belastet in den Gottesdienst und gehen erleichtert heim.

Wie viele Schuldgeschichten kennt diese Welt, wie viele Schuldgeschichten kennt sie nicht. Es sind ja nicht nur die medienwirksam inszenierten Szenen menschlicher, individueller Schuld. Es sind nicht nur die tragischen Filmsequenzen gesellschaftlicher Schuld. Es sind nicht allein die Abgründe historischer Schuld mit ihren Bergen an Opfern, Missbrauchten und Entrechteten. Es sind auch die allen Blicken entzogenen Schuldgeschichten der Menschheit. All jene namenlose Schuld soll vor Gott gebracht werden.

Wir leben in einer Welt, die sich manchmal um ihre Schuld herumdrücken will. Sie wischt gern alles beiseite, was „Schuld“ genannt werden könnte. Sie erfindet eine neue Sprache, gibt den Dingen neue Namen, um in der Grammatik des Unglaubens das Wort „Schuld“ von der Sprechbühne verschwinden zu lassen.

„Ich bin nicht schuld“ – so hören wir. So sagen wir oftmals selbst. Die Umstände sind es, die mich zu dem gemacht haben, was ich bin. Ich trage nicht die Verantwortung für mein Verhalten.

„Keiner hat Schuld“ – so hören wir. So sagen wir bei zerbrochenen Ehen oder Beziehungen. Das Schuldprinzip ist abgeschafft. Zumindest wird die Schuld nicht einem allein zugeschrieben. Stattdessen heißt es: Man lebt sich auseinander, keiner weiß eigentlich, warum. Die Liebe zerbröselt wie Mörtel.

„Ich bin schuldlos“, sagt der Anlageberater dem älteren Ehepaar, das fassungslos vor dem Verlust seines gesamten Vermögens steht. „Aber wir haben Ihnen doch vertraut!“ Der zuckt mit den Schultern. „Lesen Sie im Kleingedruckten. Ich habe keine Schuld.“

„Wir haben keine Schuld“, sagen die Angeklagten bei den Völkermordprozessen und Kriegsverbrechen vor dem Internationalen Gerichtshof in Den Haag. „Wir haben Befehle befolgt.“

Jesus lehrt uns, alles beiseitezulegen, was wir an „Entschuldigungsmaterial“ bereitliegen haben.

Jesus lehrt uns, alles beiseitezulegen, was wir an „Entschuldigungsmaterial“ bereitliegen haben. Wie oft wollen wir den anderen oder die andere, die Umstände, Missverständnisse, unseren Charakter, die gesellschaftliche Realität, unsere eigene Interpretation verantwortlich machen.

Er entlastet uns, komplizierte Strategien finden zu müssen, mit denen wir uns selbst oder auch anderen etwas vormachen. Doch wir dürfen zu unserer Schuld stehen – Gott vergibt sie uns gern.

Und vergib uns unsere Schuld …

Wir stehen vor Gott, breiten die Hände aus und sagen diesen Satz. Dabei weisen wir nichts vor als nur die Hoffnung auf Gottes Erbarmen.

Die Bitte wendet sich an den gnädigen Gott, zu dem wir mit unserer Schuld kommen dürfen. Wie der verlorene Sohn im gleichnamigen Gleichnis, der in die offenen Arme des Vaters kommen darf.

Und er machte sich auf und kam zu seinem Vater. Als er aber noch weit entfernt war, sah ihn sein Vater und es jammerte ihn; er lief und fiel ihm um den Hals und küsste ihn. (Lukas 15,20)

Der gleiche Gedanke begegnet uns auch im jüdischen Achtzehnbittengebet, das Jesus vermutlich gekannt hat. Dort heißt es:

Verzeihe uns, unser Vater, denn wir haben gesündigt, vergib uns, unser König, denn wir haben gefrevelt, denn du vergibst und verzeihst. Gelobt seist du, Ewiger, der du gnädig immer wieder verzeihst![13]

Menschen neigen dazu, sich selbst absolut zu setzen. Das Geschöpf möchte keinen Schöpfer anerkennen und schwingt sich selbst zum Schöpfer aller Dinge auf. Auf den vielen Gewalt- und Irrwegen der Geschichte lässt sich das präzise ablesen: Dort, wo sich Menschen gottgleich aufschwingen, zu Herren über Anfang und Ende, Tod und Leben, Gesetz und Gerechtigkeit – und sei es im religiösen Gewand –, nehmen sie Gott den Platz, wollen sein wie Gott, streifen Gott als Gegenüber ab und beginnen, das Alphabet der Sünde neu zu buchstabieren. Die moderne Menschheit muss erkennen, dass das „Gott gleich sein Wollen" – und ich denke hier besonders an die technisch-innovative Gestaltungsmacht ohne ethische Verantwortung – zum Scheitern in Schuld verurteilt ist.

Die Versuchung ist groß: Alles, was der Mensch kann, will er machen. Er ist fasziniert von den Möglichkeiten und fragt selten nach den Folgen. Bei der Atomkraft sind die Menschen mittlerweile ins Nachdenken gekommen. Die Last der Folgen ist groß und letztlich nicht beherrschbar. Aber auch beim Umgang mit dem menschlichen Leben stehen wir oft am Scheideweg: Mit modernen Tests können wir heute feststellen, ob ein Kind, das noch im Mutterleib ist, eine Behinderung hat oder nicht. Oftmals führt dies bei einer entsprechenden Diagnose zum Abbruch der Schwangerschaft. In anderen Ländern dieser Welt reicht die Diagnose „weiblich", um ein Kind abzutreiben. Unerwünschte Eigenschaften am Anfang oder auch am Ende des Lebens – viele Entscheidungen werden in unsere Verfügbarkeit hineingestellt. Wir sind doch aber Menschen!

Ja, wir müssen Entscheidungen treffen, manchmal sehr schwere, manchmal ethisch risikoreiche. Deren Grundlage darf aber nicht heißen: „Wir können alles, außer an Gott zu glauben." Sondern sie muss heißen: „Vergib uns unsere Schuld".

Jesus selbst stellt sich in den „Schulden-Riss", in jenen Abgrund, der Gott und die Menschen trennt. Als er am Kreuz stirbt, bildet er eine Brücke, damit wir Menschen das Gebet zu „unserem Vater" beschreiten können.

Jesus selbst lehrt uns nicht nur zu bitten: „und vergib uns unsere Schuld". Er geht weiter: Er selbst stellt sich in den „Schulden-Riss", in jenen Abgrund, der Gott und die Menschen trennt. Als er am Kreuz stirbt, bildet er eine Brücke, damit wir Menschen das Gebet zu „unserem Vater" beschreiten können. Er erleidet die unendlichen Tiefen menschlicher Schuldgeschichte und zeigt uns, wie neues Leben mit Gott entstehen kann.

Und dann wird an diese Bitte ein Satz angeschlossen, in dem es um unser menschliches Miteinander geht:

... wie auch wir vergeben unseren Schuldigern

Jenes neue Leben bei und mit Gott drückt sich auch im Leben mit anderen aus. Gottes Barmherzigkeit lehrt uns, Person und Tat zu unterscheiden. Der Mensch ist von Gott gerecht gesprochen, die Sünde, die Untaten, das Belastende nicht. Doch dies braucht nicht länger belastend zu wirken. Diese Bitte lehrt uns neu anfangen lassen, lehrt uns Vergebung und Versöhnung.

Wir vergeben denjenigen, die an uns schuldig geworden sind. Dies ist die einzige Bitte im Vaterunser, die direkt von menschlichem Handeln spricht. Beten und selber etwas tun – das gehört zusammen. „Gebet ist ein Sprechen des *aktiven* Menschen mit

Beten und selber etwas tun – das gehört zusammen.

Gott."[14] In diesem aktiven Tun nimmt das vergebende und verzeihende Handeln einen hohen Stellenwert ein.

Doch manchmal ist das Verzeihen gar nicht so leicht. Ich denke an Jakob, Isaaks Sohn. Im ersten Mosebuch wird erzählt, wie er sich durch eine List in der Erbfolge an die erste Stelle setzt. So erhält er den Segen, der eigentlich dem Erstgeborenen allein vorbehalten ist. Sein Bruder Esau geht leer aus. Infolge dieser Schuld können die beiden Brüder lange Zeit keinen Kontakt miteinander haben. Sie gehen getrennte Wege. Spät kommt es dann aber doch dazu, dass sie sich aussöhnen. Jakob bittet um Verzeihung. Das Wunder geschieht: Esau ist nicht nachtragend. Er vergibt Jakob. Diese wunderbare Begebenheit ist in 1. Mose 33 nachzulesen.

Weil Vergeben so schwer ist, bitten wir Gott darum, dass wir es tun können.

Die Verbindung von menschlichem und göttlichem Vergeben in dieser Bitte erinnert an das jüdische Versöhnungsfest, den Jom Kippur. Der Mensch, der Gott am Versöhnungstag um Vergebung aller seiner Sünden bittet, bemüht sich selber auch. Er geht zu den Mitmenschen, mit denen er im Streit liegt, bittet sie um Verzeihung und vergibt seinerseits. Das göttliche Vergeben bringt es mit sich, dass der Mensch auch in dem Umfeld, in das er gestellt ist und in dem er lebt, Vergebung weitergibt. Selber von Gott Vergebung empfangen zu wollen und gleichzeitig anderen gegenüber hart zu bleiben – das geht nicht zusammen.

Selber von Gott Vergebung empfangen zu wollen und gleichzeitig anderen gegenüber hart zu bleiben – das geht nicht zusammen.

Das Vaterunser lässt uns spüren: Ich darf leben trotz meiner Schuld, mit meiner Schuld. Sie wird mir von Gott vergeben. Und ich selber bitte darum, dass ich anderen vergeben kann.

Vergib uns unsere Schuld, wie auch wir vergeben unseren Schuldigern

Eine Bitte des Glaubens, die die Welt auf den Kopf zu stellen vermag!

Vergib uns unsere Schuld wie auch

Wohin mit dem, was sich aufgeladen hat?
Wohin mit dem, was mich belastet?
Den unaufgeräumten Auseinandersetzungen
Dem Hintergehen des anderen
Wohin mit den friedlosen Gedanken?
Wohin mit dem Zweifel an dir?
Wohin mit unseren Verstrickungen?

wir vergeben unsern Schuldigern

Schuld klagt im Leben dieser Welt.

Vergib uns unsere Schuld –
eine Bitte um den aufrechten Gang
der Befreiten
frei zu vergeben anderen
schuldig an uns
und doch Kinder Gottes

Amen

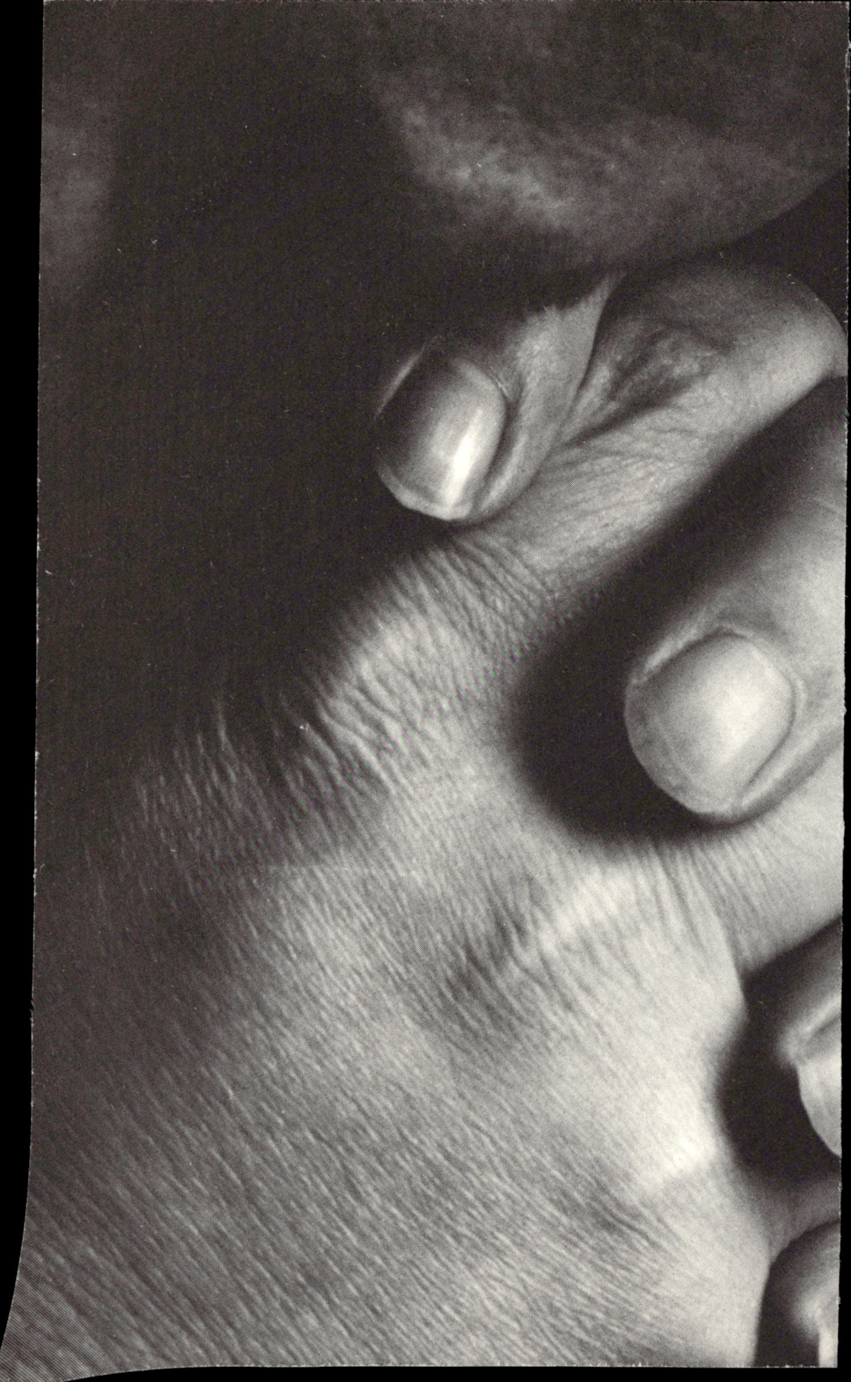

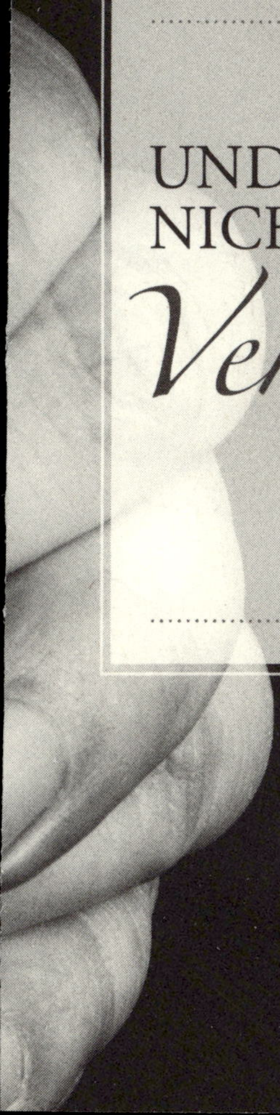

UND FÜHRE UNS NICHT IN *Versuchnung*

„Was ist das?
Gott versucht zwar niemand;
aber wir bitten in diesem Gebet,
dass uns Gott behüte und erhalte,
damit uns der Teufel, die Welt und unser Fleisch
nicht betrüge und verführe in Missglauben,
Verzweiflung und andere große Schande und Laster;
und wenn wir damit angefochten würden,
dass wir doch endlich gewinnen
und den Sieg behalten."[15]

Luther spricht die Dinge in seiner kräftigen und präzisen Sprache an und er spricht es aus: Wir finden uns in unserem Leben und in unserer Existenz immer wieder in Versuchungen. Nein, nicht jene köstlichen Banalitäten der Schokoladenwerbung sind gemeint, auch nicht moralische Herausforderungen im vordergründigen Sinn. Sondern wir entdecken uns selbst im „Selbstgefälligen", im „Abstandnehmen zu Gott", in der Selbstbeschreibung der Welt, der eigenen Existenz ohne Gott. In der Versuchung, eine eigene „Bildwelt" von Gott zu entwickeln, die unseren Wünschen und Projektionen näher ist als so manche „sperrige" biblische Vorstellung.

Wir sind in der Versuchung, uns selbst auf den Weg zu machen und das Vertrauen auf Gottes Geleit, Gegenwart und Güte auszublenden. Wir sind in der Versuchung, unsere Gegenwart überzubewerten, die Vergangenheit zu vergessen und die Zukunft sich selbst zu überlassen. Wir sind in der Versuchung, Gottes Gebote abzustreifen und durch eigene Konstruktionen zu ersetzen.

Wir sind in der Versuchung, unsere Gegenwart überzubewerten, die Vergangenheit zu vergessen und die Zukunft sich selbst zu überlassen.

Wie befreiend wäre es doch, einfach auszusprechen: „Ich bin ein Geschöpf Gottes. Ich muss mich nicht jeden Tag neu erfinden und anderen etwas vormachen. Ich lebe heute, bin dankbar für die Glaubens- und Lebenseinsichten derer, die vor mir da waren, und möchte den Generationen nach mir meine Überlegungen und Haltungen weitergeben. Gott ist maß- und orientierungsgebend. Durch seine Geschichte mit uns Menschen weiß ich, dass meine Lebenswanderung in den großen Spannungsbogen menschlicher Geschichte vor Gottes Angesicht hineingehört. Das macht demütig und kraftvoll zugleich. Weil ich von Gott her Weisung, Leben, Ziele empfange, kann ich mich aufmachen und in Gottes Namen am Leben der Welt teilnehmen."

Manchen Vätern der alten Kirche war der Satz: „und führe uns nicht in Versuchung" nicht ganz geheuer. Gott selbst als der, der Menschen in die schillernde Versuchungssituation bringt? Und auch Luther beginnt ja seine Worte zu dieser Bitte mit der folgenden Bemerkung: „Gott versucht zwar niemand ..."

In den Erzählungen der Bibel gibt es durchaus „Erprobungs-" oder „Versuchungsgeschichten". „Das schlechthin herausragende Beispiel für eine von Gott ausgelöste Prüfung findet sich in der Geschichte Abrahams. Mit dem unbegreiflichen Befehl, seinen einzigen Sohn, der doch Träger und Erbe der Verheißung hatte sein sollen, zum Opfer zu bringen, stellt Gott den Abraham auf die Probe. Wird er auch in der bittersten Stunde seines Lebens gehorsam sein? (1. Mose 22,1-19). Am Ende kann es heißen: ‚nun weiß ich, dass du Gott fürchtest und hast deines einzigen Sohnes nicht verschont um meinetwillen' (V. 12)."[16]

In der jüdischen Auslegungstradition wird Abraham nicht nur diese eine Versuchung, seinen Sohn zu opfern, zugeschrieben, sondern auch noch neun weitere: „Durch zehn Prüfungen wurde unser Vater Abraham erprobt, und er bestand sie alle; dies bekundet, wie groß die Beliebtheit unseres Vaters Abraham war“ (Traktat Aboth V,4).[17] Abraham war standfest und geduldig im Glauben, auch wenn Gott ihn durch die Aufforderung, seine Heimat zu verlassen, durch Hungersnot, durch Reichtum oder durch die lange andauernde Unfruchtbarkeit seiner Frau Sara mehrfach auf die Probe stellte.[18] So kann er für Menschen in den verschiedensten Lebenssituationen zum Mut machenden Vorbild werden.

Dennoch, jeder und jede fröstelt angesichts solcher Erprobungs- und Versuchungsgeschichten. Trotzdem können wir nicht bezweifeln: Wir alle finden uns in Versuchungssituationen wieder. Wir wissen, wie schmal der Grat ist, auf dem wir gehen, und wie oft wir dabei abstürzen. Die Bitte, dass Gott uns vor Versuchungssituationen beschützen möge, ist elementar und ehrlich.

Mir ist in diesem Zusammenhang der Erprobung und Versuchung auch eine andere Geschichte des Alten Testaments wichtig geworden. Es ist die Erzählung vom Kampf Jakobs am Jabbok in 1. Mose 32. Mitten in der Nacht zieht Jakob mit seiner

Familie los. Am Fluss Jabbok führt er seine Liebsten über das Wasser und bleibt allein zurück. In der dunklen Nacht, einsam und allein, fängt plötzlich jemand an, mit ihm zu kämpfen. Die beiden ringen und ringen, bis der neue Tag anbricht. Jakob lässt den Unbekannten nicht los. Er sagt zu ihm: „Ich lasse dich nicht, du segnest mich denn" (1. Mose 32,27).

Es stellt sich heraus, dass sich Jakob im Ringkampf mit Gott befindet. Für ihn heißt: „Führe mich nicht in Versuchung" soviel wie: „Lass mich nicht allein." Sein Erlebnis zeigt eindrücklich, dass die größte Versuchung darin besteht, Gott in Anfechtung, Krise und Zweifel loszulassen. Doch Jakob hält an Gott fest und besteht darauf, von ihm gesegnet zu werden. „Ich lasse dich nicht, du segnest mich denn." Gestärkt durch Gottes Segen geht Jakob seiner Wege. Dazu hat er nichts beigetragen, außer festzuhalten. Das ist ein wunderbares Bild: Was mich in Angst, Not und Zweifel stärkt, ist Gott selbst. Daher die Bitte: „Führe mich nicht in Versuchung – lass mich an dir festhalten." Können wir heute auch wieder zu „Fest-Haltern" werden?

Die größte Versuchung besteht darin, Gott in Anfechtung, Krise und Zweifel loszulassen.

Und führe uns nicht in Versuchung

Lass mich an dir festhalten
wenn der Boden unter meinen Füßen schwankt
wenn der Orientierungspunkt
nicht mehr erkennbar ist
wenn weiß schwarz erscheint
und schwarz weiß

Lass mich an dir festhalten
immer wieder festhalten
und schenke mir
deinen Segen

Amen

SONDERN ERLÖSE UNS VON DEM *Bösen*

„Sondern erlöse uns von dem Bösen“ – das ist gewissermaßen die positive Füllung der sechsten Bitte „Und führe uns nicht in Versuchung“. Diese Bitte erläutert zugleich, worin die Versuchung bestehen kann. Denn Versuchung geschieht in der Konfrontation mit „dem Bösen“.

Was ist das Böse? Das Böse tritt in vielerlei Gestalt auf. Viele Masken des Bösen hat die Weltgeschichte schon gesehen. Manchmal sind wir es, die gewöhnlichen Menschen, die dahinterstehen. Das griechische Wort für den Teufel heißt „Diabolos“ – „Durcheinanderbringer“. Wenn wir die Maßstäbe durcheinanderbringen, die Gott uns geschenkt hat, entfernen wir uns von Gott. Das Böse ist die Entstellung Gottes, die Inanspruchnahme, so zu sein wie er.

Sondern erlöse uns von dem Bösen

Diese Bitte muss von jeder Generation aufs Neue gesprochen werden und kann von jeder Generation mit neuen Bildern illustriert werden. Dabei ist die Bilderflut so stark, so kraftvoll und oft „über-wältigend“, dass nur das Bild des gekreuzigten Christus mächtig genug ist, dem Beter ein Gegenbild zu erzeugen. Er hat das Böse besiegt, und wir mit ihm.

Eine Bitte, die nicht in den Wind gerufen ist, sondern vom gekreuzigten Jesus Christus aufgenommen und getragen wird. In seinem Tod hat Gott die Erlösung vollzogen von allem, was uns von ihm trennt. So ist es nicht entscheidend, ob das Böse mit dem Teufel identifiziert wird („der Böse“) oder neutral als „das Übel“. Wenn wir unter Versuchung verstehen, dass Gott uns abhandenkommt, dass wir ihn in Krisensituationen nicht mehr fassen können, dann ist das Böse all das, was uns in diese Bedrängnis hineinbringt. Ob personifiziert als Teufel oder nicht.

In der Erzählung vom Kampf am Jabbok heißt das: Jakob leidet unter dem Streit mit seinem Bruder Esau, seinem Betrug. All das beschäftigt ihn vermutlich in der Nacht. Schlaflos wacht er und ringt mit Gott. Er findet Erlösung – nach außen gekennzeichnet durch seinen neuen Namen: „Du sollst nicht mehr Jakob heißen, sondern Israel“ (1. Mose 32,29). Israel ist das Gottesvolk. Gott zeigt damit, wie viel Jakob ihm wert ist und wie sicher diese Umkehr ist. Er erlöst Jakob von allem Bösen, das er im Leben bislang angerichtet und gleichzeitig erlitten hat. Denn auch wenn er zunächst als der glückliche Sieger erschien, hielt dies nicht lange an. Er musste fliehen und war getrennt von seiner Familie.

Eine andere biblische Figur, Hiob, hat mit dem Bösen zu kämpfen. Das Hiobbuch berichtet von ihm: „Der war fromm und rechtschaffen, gottesfürchtig und mied das Böse“ (Hiob 1,1). Gott gibt dem Teufel freie Hand, Hiob zu prüfen. – Hier ist also tatsächlich von dem personifizierten Bösen die Rede. Der Teufel wird genannt als derjenige, der Hiob Krankheiten und Leid zufügt. – In all seinen Leiden, mit denen der Teufel ihn versucht, hält Hiob jedoch an Gott fest. Gott ist und bleibt der Adressat. Auch mit seiner Klage wendet er sich an ihn. Hiob erfährt: Schlimmer als Leid zu ertragen, ist, keinen Ort für die Klage zu haben: „O hätte ich einen, der mich anhört“ (Hiob 31,35).

Sondern erlöse uns von dem Bösen

Das Wort „Erlösung“ bringe ich mit ganz existentiellen Situationen in Verbindung. Mit Fragen nach Leben und Tod, mit Fragen nach Schuld und Vergebung, nach Gelingen und Scheitern, wie es Jakob und Hiob und viele andere bis heute erleben.

Erlösung heißt, dass etwas ganz Neues beginnt. Erlösung wird besonders mit dem Lebensende in Beziehung gesetzt, weil die radikale Erneuerung hier deutlich greifbar wird. Aber auch mitten im Leben können wir bitten: „Erlöse uns von dem Bösen."

Erlösung heißt, dass etwas ganz Neues beginnt.

Sondern erlöse uns von dem Bösen!

Die Welt
könnte sie schreien vor Schmerz
über das Böse
würde zerbrechen zehnmal mehr
als ein aufschlagender Meteorit
Der universale Schrei
Das Böse taucht uns immer wieder
ins Dunkel
ohne dass wir es merken
Das Böse tauscht die Wörter im Mund
zerlegt die Sprache der Erlösung
und macht sich über die Bruchstücke
der Hoffnung her
Herr, hilf uns, dass unsere Bitte nicht verglüht:
„Sondern erlöse uns von dem Bösen!"

DENN DEIN
IST DAS
Reich
UND DIE KRAFT UND DIE
HERRLICHKEIT IN EWIGKEIT
AMEN

Dieser wunderschöne und feierliche Abschluss des Vaterunsergebets besitzt einen sehr einprägsamen Sprachrhythmus. Beim lauten Sprechen ist er deutlich zu hören. Er unterstreicht, dass hier der Inhalt des gesamten Gebets in wenigen Worten prägnant zusammengefasst wird. Auch wenn dieser Lobpreis in den ältesten Handschriften des Neuen Testaments fehlt, so wird er in der Praxis vermutlich von Anfang an mitgesprochen worden sein. Vielleicht nicht unbedingt immer in dieser Formulierung, aber sicherlich in einer ähnlichen. Es herrschte hier eine gewisse Freiheit. Wichtiger als der genaue Wortlaut des Abschlusslobspruchs ist dessen Bedeutung: Man will ein Gebet nicht einfach mit Bitten an Gott enden lassen. Es soll in feste Aussagen münden. Gott, an den sich das Gebet wendet, soll als der benannt werden, dem allein die Ehre gebührt.

Der menschliche Glaube, der sich Gott im Gebet anvertraut, sucht nach einem festen Haltepunkt in Gott. Und den findet er in dieser Schlussstrophe. Sie ist nicht umgangssprachlich formuliert. Vielmehr ist sie in einer Sprache gehalten, die heilig anmutet. Es sind Worte, die auf die Sehnsucht des Menschen antworten: Gott selber ist es, der für den Sinn des menschlichen Lebens einsteht. Es ist ein Bekenntnis zu unserem Gott.

Und es ist ein großes Ja, das dieses Schlusslob ausspricht. Es ist ein kräftiges Ausrufezeichen, das da in Richtung Himmel gezeichnet wird. Jesus schenkt uns jenes geheimnisvolle Vertrauen. Darum können wir direkt mit dem Vater sprechen. Dieses Vertrauen wird hier noch einmal besiegelt. Wir dürfen beginnen mit dem Vater-unser, weil wir mit dem Lobpreis enden können. Alles wird wieder in Gottes Hand gelegt.

Wir dürfen beginnen mit dem Vater-unser, weil wir mit dem Lobpreis enden können. Alles wird wieder in Gottes Hand gelegt.

Wir gehen den Weg der Bitten des Vaterunsers über Inhalte des Glaubens, Finsternisse des Bösen, Horizonte der Dürre, Geschichten des Zerbrechens hin zu jenem vollen Schlussakkord. Dieser macht die Dringlichkeit der Bitten nicht wertlos – im Gegenteil: Der volle Klang der einzelnen Rufe an Gott entfaltet sich hier.

Gott steht für das Reich Gottes. Gott ist Kraft. Gott ist Herrlichkeit. Und weil das so ist, dürfen wir ihn um all das bitten, was wir brauchen: das tägliche Brot, die Kraft, anderen zu vergeben, die Bewahrung vor dem Bösen.

Wir wissen, dass unsere Zeitlichkeit in seiner Ewigkeit aufgehoben werden wird.

Wir wissen, dass wir unsere Machtlosigkeit in seiner Kraft bergen können. Gott hat in der Hand, was wird und wie es wird.

Wir wissen, dass nicht unsere Herrschaftsansprüche bestehen bleiben, sondern dass sein Reich kommt. Gottes Reich begrenzt unsere Allmachtsfantasien, unseren Selbsterfindungswahn, unseren Verwirklichungsdruck. Es begrenzt die Reiche dieser Welt und lässt uns klarer blicken. Es rechtfertigt uns und lässt uns Letztes von Vorletztem unterscheiden.

Amen

So können wir auch das Amen ans Ende dieses Gebets stellen. Amen – „Dies sei wahr!" Damit stimmen wir noch einmal ausdrücklich dem zu, was wir gebetet haben. Durch das Amen ist das Vaterunser zu „meinem" Vaterunser geworden. Martin Luther hat dazu in seiner Auslegung im Kleinen Katechismus gesagt:

Denn dein ist das Reich und die Kraft und die Herrlichkeit in Ewigkeit. Amen. Was heißt Amen? Dass ich soll gewiss sein, solche Bitten sind dem Vater im Himmel angenehm und werden erhört. Denn er selbst hat uns geboten, so zu beten, und verheißen, dass er uns erhören will. Amen, Amen, das heißt: Ja, ja, so soll es geschehen.[19]

Ein Schatz, den es zu entdecken gilt – zur Bedeutung des Vaterunsers

Ein jüdisches Gebet

In Jerusalem gibt es eine Kirche, die nach dem Vaterunser benannt ist: die „Paternoster-Kirche", auf Deutsch die „Vaterunserkirche". Sie befindet sich auf dem Ölberg. Das Besondere an ihr ist, dass man dort das Vaterunser in sehr vielen verschiedenen Sprachen lesen kann. An den Wänden hängen große, kunstvolle Keramikplatten. Auf jeder steht das Gebet in einer anderen Sprache. Auch eine deutsche Fassung kann man dort finden. In dieser Kirche wird daran erinnert, wie Jesus die Jünger das Vaterunser gelehrt hat.

Leider hatte ich noch nicht die Möglichkeit, diese beeindruckende Kirche persönlich aufzusuchen. Doch das möchte ich nachholen, sobald sich die Gelegenheit dazu bietet. Denn schon allein durch ihren Standort bringt diese Kirche wunderbar zum Ausdruck, dass das Vaterunser als Gebet der weltweiten Christenheit seine Wurzeln im jüdischen Glauben und in der jüdischen Umwelt hat.

Das Vaterunser ist von seiner Praxis her ein spezifisch und ausschließlich christliches Gebet. Von seinem Inhalt her ist es zugleich ein jüdisches Gebet. Denn es ist – wie der gesamte christliche Glaube – im Herzen des Judentums entstanden. Es wurde erstmals von Jesus, dem Juden, formuliert. Ich sehe daher im Vaterunser eine wertvolle Brücke unseres christlichen Glaubens zum Judentum; wir wissen uns so verbunden. Das Vaterunser wurde erst dadurch zu einem christlichen Gebet, dass es mit dem Bekenntnis zum Messias Jesus verknüpft wurde. Deshalb kann man auch nicht erwarten, dass es heute von jüdischer Seite aus gebetet beziehungsweise mit Christen mitgebetet wird. Das erkennen wir als Christen und Christinnen an.

In der Vergangenheit hat man das Vaterunser leider auch dazu benutzt, die Christusgläubigen von den angeblich falsch betenden Juden abzugrenzen. Das kommt daher, dass es in Matthäus 6,5 heißt: „Und wenn ihr betet, sollt ihr nicht sein wie die Heuchler, die gern in den Synagogen und an den Straßenecken stehen und beten, damit sie von den Leuten gesehen werden." Völlig zu Unrecht hat man in den Heuchlern oft grundsätzlich „die Juden" gesehen. Und schnell wurde ein judenfeindliches Vorurteil daraus, als würden Juden grundsätzlich nur beten, um vor den Menschen gut dazustehen.

Was ist jüdisch am Vaterunser? Es ist ein Gebet, das ganz viel darüber aussagt, wie wir uns die Beziehung zwischen Gott und Mensch vorstellen dürfen. Jüdische Gläubige beten zu einem Gott, der sich ihnen gezeigt hat – in der Geschichte ihres Volkes – und weiterhin zeigt – in der Gegenwart – und zeigen wird – in der Zukunft. Sie wissen, dass sie zu ihm beten dürfen, weil er ihnen das Leben und sein Heil geschenkt hat. Und das tun sie nicht aus eigener Kraft; sie sehen im Gebet auch kein frommes Werk, das sie vor Gott gut dastehen ließe. Das Gebet ist vielmehr ein Geschenk. Deshalb vergewissern sie sich dieser innigen Beziehung zu Gott. Dies tun sie mit der gesamten Gemeinde zusammen – und nicht exklusiv für sich allein. Der Einzelne steht nicht allein vor Gott. Im Gebet befindet er sich in der Gemeinschaft mit den anderen Betenden. Alle zusammen sprechen die Heiligung des Gottesnamens als Zeichen der Ehrfurcht und des Res-

Der Einzelne steht nicht allein vor Gott. Im Gebet befindet er sich in der Gemeinschaft mit den anderen Betenden.

pekts vor Gott aus. Sie bitten Gott um Vergebung für ihre Sünden.

Grundlegende Inhalte des Vaterunsergebets begegnen auch in anderen jüdischen Gebeten, die bis heute Elemente des synagogalen Gebets sind. Ich denke nur an das jüdische Hauptgebet, das Achtzehnbittengebet, auf Hebräisch „Amida". Auch dort spricht der Beter zu Gott: „Du bist heilig, und dein Name ist heilig."[20] Auch dort wenden sich die Beter vertrauensvoll an Gott und bitten: „Verzeihe uns, unser Vater, denn wir haben gesündigt." Auch dort bittet man Gott um das leibliche Auskommen.

Eine weitere Verwandtschaft mit dem Judentum erkennen wir – wie bereits erwähnt – in der Theologie des Versöhnungstags, die die von Gott empfangene Vergebung mit der Vergebung der Menschen untereinander verknüpft.

Weiter dürfen wir annehmen, dass Jesus das Kaddisch-Gebet kannte, das ebenfalls bis heute in der Synagoge gebetet wird. Vielleicht hat er sich an dessen Wortlaut orientiert, insbesondere bei dem Gedanken der Heiligung des Namens: „Erhoben und geheiligt werde sein großer Name in der Welt", betet das Kaddisch.[21] Es hat – ähnlich wie das Vaterunser – die Aufgabe, verschiedene Teile eines Gottesdienstes abzuschließen und dabei gleichzeitig einen glaubenden Ausblick zu geben. Im Kaddisch wie im Vaterunser werden Bitten formuliert, die den Horizont des Einzelnen wohltuend überschreiten. Außerdem wurde das Kaddisch zum Trauergebet, das die Angehörigen eines verstorbenen Menschen im Gedenken an den Verstorbenen ein ganzes Jahr nach dessen Tod täglich beten.

Die vielen Anklänge an andere jüdische Gebete zeigen, dass und wie Jesus in der jüdischen Gebetssprache zu Hause war.

Ein ökumenisches Gebet

Im Sommer 2010 fand die Elfte Vollversammlung des Lutherischen Weltbunds in Stuttgart statt. Vieles war im Vorfeld geplant und überlegt worden. Kluge Papiere waren vorbereitet und Tagesordnungen lagen vor. Viele Delegierte aus aller Welt kamen herbei. Wie würden sie beraten? Wie würden sie sich verständigen – über die Sprache hinaus – mit ihrem jeweiligen kulturellen, theologischen Hintergrund? Was einte? Was trennte?

Am ersten Tag wurden mir einige dieser Fragen beantwortet. Noch vor dem Eröffnungsgottesdienst, bei einer Vorkonferenz, standen wir am Ende auf und begannen zu beten. Jede und jeder in ihrer beziehungsweise seiner Sprache, in verschiedenen Lauten, mit unterschiedlicher Grammatik:

Our father …	*Notre père …*	*Bapa kami …*
Padre nostro …	*Oče uas …*	*Fader vår …*
Padre nuestro …	*Mi Atyánk …*	*Pater noster …*

Dies war für mich wie ein kleines Pfingstwunder: „Und als der Pfingsttag gekommen war, waren sie alle an einem Ort beieinander. Und es geschah plötzlich ein Brausen vom Himmel wie bei einem gewaltigen Wind und erfüllte das ganze Haus, in dem sie saßen … und sie wurden alle erfüllt von dem Heiligen Geist und fingen an, zu predigen in andern Sprachen, wie der Geist ihnen gab auszusprechen“ (Apostelgeschichte 2,1-2.4). Seitdem ist das Vaterunser für mich auch ein besonderes „Pfingstgebet“.

Eine andere ökumenische Erfahrung: Als ich im vergangenen Jahr Besuch von einigen syrisch-orthodoxen Bischöfen erhielt, tauschten wir uns über die Bedrohung und die schwierige Situation in ihrer Heimat aus. Wir sprachen über unsere verschiedenen Traditionen und wie man sich gegenseitig unterstützen könnte. Dann sagten die Gäste zu mir: „Betet für uns!“, und überreichten mir als Gastgeschenk ein auf Goldmetall eingeprägtes Vaterunser auf Aramäisch – der Sprache Jesu und der Sprache ihrer eigenen Liturgie. Ich bat sie, das Gebet in dieser Sprache zu sprechen. Ein eigener Klang erfüllte unser Haus.

Nun steht es vor mir, verbindet mich mit diesen Christen und ihrer Not und spannt den großen Himmel des Gebets über uns. Und so kann ich aus eigenem Erleben dem zustimmen, was Marc Philonenko über das Vaterunser schreibt: „Übersetzt in allen Sprachen der Erde, wurde das Vaterunser zu einer der bevorzugten Ausdrucksformen der Frömmigkeit unzähliger Generationen. Wie auch immer die Trennungen der Kirchen im Laufe der Geschichte ausgesehen haben, das Vaterunser galt den unterschiedlichen christlichen Denominationen als gemeinsames, untrennbares und unzerstörbares Gut."[22]

Das Vaterunser verbindet evangelische, katholische, orthodoxe, orientalische und freikirchliche Christenmenschen weltweit. Es ist das auffälligste Merkmal der Ökumene, da es in jedem Gottesdienst im selben Wortlaut gebetet wird. Nirgends wird die Wahrheit der Einheit des „Christusleibes" deutlicher als im Gebet Jesu. Er schenkt uns Worte, um die Verschiedenheit zu überwinden.

Das Vaterunser verbindet evangelische, katholische, orthodoxe, orientalische und freikirchliche Christenmenschen weltweit. Es ist das auffälligste Merkmal der Ökumene, da es in jedem Gottesdienst im selben Wortlaut gebetet wird.

Jesus ermöglicht zu sagen: „unser Vater". In dieser Dimension betrachtet, entfaltet das Gebet seine vollständige Größe und Weite. Es verbindet Menschen und Gott, aber es verbindet auch Menschen untereinander. Daher ist es so bedeutungsvoll, dass das Gebet mit dem Plural beginnt. Es schließt alle Konfessionen ein, alle

Lebenssituationen und alle Menschen mit ihrer individuellen Lebensgeschichte. Das „wir“ eint alle – so wie der Geist von Pfingsten. Er bewirkt, dass jeder Mensch den anderen in der eigenen Muttersprache reden hört. So entsteht Gemeinschaft trotz aller Verschiedenheit.

Der Stauferkaiser Friedrich II. (1194-1250) hat in einem schrecklichen Experiment nach der Ursprache der Menschheit geforscht. Er isolierte einige Neugeborene, ließ sie mit Nahrungsmitteln und Betreuung versorgen, aber niemand sprach je mit ihnen. Er wollte herausbekommen, was die „Sprache des Menschengeschlechts“ sei. Die Kinder starben.

Das Vaterunser lehrt uns die Ursprache: die Sprache der Liebe und des Vertrauens, der Hoffnung und des Erbarmens.

Das Vaterunser lehrt uns die Ursprache: die Sprache der Liebe und des Vertrauens, der Hoffnung und des Erbarmens. Wer diese Sprache kennt, darf in vielen Sprachen sprechen.

Gerade die klare, schlichte Form des Vaterunsers ist dazu geeignet, eine verbindende Kraft zu entfalten, im Vertrauen auf den einen Herrn Jesus Christus.

Ein Trostgebet

Am Sterbebett meines Opas stand ich als Neunjähriger, als alle plötzlich das Vaterunser sprachen: Eltern, Verwandte und Nachbarn. Die vertrauten Worte waren wieder da. Obwohl bei uns im Alltag sonst nicht so oft gebetet wurde, mit Ausnahme des Nachtgebets vor dem Schlafengehen, stellte sich das Gebet jetzt wie von selbst ein. Es zeigte uns, dass der Weg an der „Todeswand" nicht endete, sondern es eine Hoffnung auf Gottes Zukunft gab. Ich spürte in aller Trauer: Gott ist bei uns und er begleitet mich.

In extremen Situationen, bei Krankheit, im Sterben, beim Abschiednehmen am offenen Grab, kann das Vaterunser ein Trostgebet sein.

In extremen Situationen, bei Krankheit, im Sterben, beim Abschiednehmen am offenen Grab, kann das Vaterunser ein Trostgebet sein. Ich habe es als besonders starkes Zeichen empfunden, wenn nach den Worten des Pfarrers oder der Pfarrerin am Grab: „Erde zur Erde, Asche zur Asche, Staub zum Staube" die Auferstehungsworte Jesu folgten: „Ich bin die Auferstehung und das Leben. Wer an mich glaubt, wird leben, auch wenn er stirbt" (Johannes 11,25), und danach die

Gemeinde mit den Worten des Vaterunsers antwortete.

Wenn es so unendlich schwer ist, die Fassung zu bewahren, dann geben die Worte des Vaterunsers Halt. Im Rückgriff auf Vertrautes lassen sich Herausforderungen im Leben meistern, die schier nicht auszuhalten sind. Wenn mir die Worte fehlen, dann kann ich sie mir von Jesus schenken lassen. Wir müssen uns nicht selbst trösten, sondern dürfen in den Worten des Vaterunsers den Trost an uns geschehen lassen.

In den besonders schweren Stunden des Lebens fragen Menschen oft: Warum? Warum müssen Menschen leiden? Warum geschieht mir das? Womit habe ich das verdient? Aber eine wirkliche Antwort sind in solchen bedrängenden Fragesituationen nicht lange theologische Traktate und Erörterungen am grünen Tisch. Eine wirkliche Antwort ist auch nicht das Schweigen. Eine Antwort ist das Gebet der Trost- und Ratsuchenden: „Vater unser im Himmel …“

Ich klammere mich an dieses Gebet wie an ein Seil über dem Abgrund.

Im Gebet behaupte ich nicht Dinge, die ich nicht behaupten kann. Aber ich bete in Sprachlosigkeit und Trauer, im Suchen und Zweifeln.

Ich klammere mich an dieses Gebet wie an ein Seil über dem Abgrund.

Auch bei Menschen, die keinen Glauben haben, kann bei diesen Sätzen etwas passieren. In meiner Zeit als Direktor des Diakoniewerks Schwäbisch Hall habe ich erlebt, dass Menschen mir berichteten: „Als es mir ganz schlecht ging, wollte ich beten. Ich habe nach den Worten des Vaterunsers gesucht, aber es ist mir nicht mehr eingefallen. Das war schlimm. Für den Fall, dass ich wieder in so einer Situation bin, will ich es lernen."

Das Vaterunser ist eine Trostschule des Glaubens. Wir brauchen nicht immer wieder neue Wortgeschöpfe und Kaskaden des Gebets. Wir brauchen keine Informationsblöcke und Gottesbelehrungen im Gebet.

Wir üben es ein, das große Gebet des Herrn.

Es ist vermeintlich bekannt. Doch wir haben es nie ausgeschöpft. Manchmal ist es wie eine Schale Wasser aus dem großen Meer der Liebe Gottes.

Welch ein Trost: „Vater unser im Himmel …"!

Zum Schluss

Warum das Vaterunser beten? Kann ich nicht viel treffender meine Gebete selbst formulieren? Manchmal begegnet einem der Vorwurf, das Vaterunsergebet werde nicht mit ausreichend innerem Bezug gesprochen. Und dennoch gibt es Trost und Halt in ausweglosen Situationen. Wenn keine Worte mehr tragen, wenn keine Worte mehr zu finden sind, dann ist das Vaterunser wie ein Geländer, wie eine Stütze. Wenn es mir die Sprache verschlagen hat, kann ich mich an die Worte halten, die Jesus mir mitgegeben hat. Sie laufen nicht ins Leere.

In der vertrauensvollen Anrede vollzieht sich im Voraus jede einzelne Bitte. Diese Bitten können im Laufe des Lebens in verschiedenen Situationen mehr oder weniger wichtig und entscheidend sein.

Die einzelnen Bitten dieses Gebets der Gebete sind durch die Überschrift „Vaterunser“ zusammengehalten wie an einer Schnur. In der vertrauensvollen Anrede vollzieht sich im Voraus jede einzelne Bitte. Diese Bitten können im Laufe des Lebens in verschiedenen Situationen mehr oder weniger wichtig und entscheidend sein. So vielfältig die Erfahrung der biblischen Personen, so vielgestaltige

Orte haben auch die Bitten des Vaterunsers. In Todesangst und Verzweiflung wie bei Jesus, in Trauer wie bei Hiob und in Zweifeln und Konflikt wie bei Jakob – auch in unserem Leben kommen wir an verschiedenen Stationen vorbei, die uns das Vaterunser mit unterschiedlicher Klangfarbe und Intensität sprechen und hören lassen.

Die Worte des Vaterunsers sind so grundlegend, dass sie vor allem eines ausdrücken: Ich lege die Verantwortung in Gottes Hände. Denn allem voran bete ich: „Dein Reich komme. Dein Wille geschehe." Indem ich das Vaterunser spreche, gebe ich mein Sorgen und Mühen ab. Ich denke an Jesus im Garten Gethsemane, der sagt: „Mein Vater, ist`s möglich, so gehe dieser Kelch an mir vorüber; doch nicht wie ich will, sondern wie du willst!"

Ich sage damit auch: Ich habe vielleicht meine Ideen und meine Pläne, aber Gott im Himmel kennt mich besser, als ich mich selbst kenne. Er ist mir näher, als ich mir selbst nahe sein kann.[23] Aus dieser Erfahrung heraus vertraue ich mich mit meinem ganzen Leben Gott an.

Befiehl du deine Wege
und was das Herze kränkt
der allertreusten Pflege,
des, der den Himmel lenkt.
Der Wolken, Luft und Winden
gibt Wege, Lauf und Bahn,
der wird auch Wege finden,
da dein Fuß gehen kann.[24]

Die Lebenserfahrung zeigt, dass ich viele Pläne schmieden kann. Welcher Beruf es einmal werden soll, welche Traumfrau mir begegnen möge. „Leben ist das, was passiert, während du es planst", lautet ein Spruch. Was auch immer ich plane, das Leben ist vielseitiger und überraschender als die eigene Fantasie. Das habe ich in meinem bisherigen Leben selbst erfahren – in schweren Krankheitszeiten in unserer Familie, in Ratlosigkeit bei Konflikten, in den Fragen über Zukunftswege unserer Kinder. Immer wieder hat sich der Fahrplan des eigenen Lebens geändert.

Natürlich habe ich auf vieles einen Einfluss: Welche Schule wähle ich? Welches Fach studiere ich? In welchen Kreisen bewege ich mich? – Aber beispielsweise zum Landesbischof gewählt zu werden, das lässt sich nicht planen.

Ich habe in meinem Leben erfahren, dass es gut ist, auf Gott zu hören. Nicht nur zu hören, was ich selber höre. Sondern still zu werden und zu vertrauen. Als meine Frau plötzlich schwer krank wurde, hatte ich gar keine andere Möglichkeit, als ihr und mein Leben ganz in Gottes Hand zu legen. Indem ich betete, spürte ich, dass ich neues Zutrauen zu Gott fand. Das zu merken, gab mir große Kraft. Ich fühlte mich nicht nur hilflos, sondern spürte, wie ich getragen wurde. Ich empfand einen großen Frieden: Ich bin nicht verantwortlich. Ich kann nicht helfen. Ich kann nur beten. Bezogen auf die vielen verschiedenen Situationen, in denen Menschen beten, kann diese Haltung entlastend wirken.

Ich bin nicht verantwortlich. Ich kann nicht helfen. Ich kann nur beten.

Mit den Worten des Vaterunsers vertrauen wir auf die liebevolle Zuwendung Gottes und die verändernde Kraft des Heiligen Geistes. Er trägt mit!

Dank

Die Anfrage, dieses Büchlein zu schreiben, hat mich sehr gefreut. Von der intensiven Beschäftigung mit dem Vaterunser habe ich aufs Neue sehr profitiert.

Mein Dank gilt nun der Lektorin, Frau Silke Gabrisch, für die wohlwollende Geduld und die weiterführenden Ratschläge. Auch meinen Mitarbeiterinnen, Frau Kirchenrätin Dr. Evelina Volkmann und Frau Pfarrerin Dorothee Kolnsberg, danke ich. Sie haben das Werden der Gedanken begleitet, diskutiert und auch ergänzt.

Wir haben alle gespürt, wie das Vaterunser uns neu berührt und bewegt.

Stuttgart, am Sonntag Kantate 2013

Frank Otfried July

Verwendete Literatur

Der Babylonische Talmud, neu übertragen durch Lazarus Goldschmidt, 9. Bd, Frankfurt/Main [4]1996 (Nachdruck der 2. Auflage Berlin 1967).

DIE ZEIT vom 19.12.2012, Nr. 52.

Evangelisches Gesangbuch. Ausgabe für die Evangelische Landeskirche in Württemberg, Stuttgart 1996. Zitiert als: EG Württ.

Ebeling, Gerhard, Vom Gebet. Predigten über das Unser-Vater, Tübingen 1963.

Jüngel, Eberhard, Gott als Geheimnis der Welt. Zur Begründung der Theologie des Gekreuzigten im Streit zwischen Theismus und Atheismus, Tübingen 2001.

Konfirmation und Trauung. Sonderabdruck aus dem Kirchenbuche für die evangelische Kirche in Württemberg, Stuttgart 1908.

Kuhn, Johannes, Auch heute leuchtet der Himmel. Biblische Geschichten zum Vaterunser, Stuttgart 1983.

Lohfink, Gerhard, Das Vaterunser neu ausgelegt, Stuttgart 2012.

Lohse, Eduard, Vaterunser. Das Gebet der Christen, Darmstadt [2]2012.

Luz, Ulrich, Das Evangelium nach Matthäus (Mt 1-7), EKK I/1, Zürich u.a. 1985.

Luz, Ulrich, „Vaterunser, I. Neues Testament", in: Theologische Realenzyklopädie Bd. XXXIV, Berlin 2002, S. 504-512.

Mutschler, Bernhard, „Ein Reden des Herzens mit Gott. Martin Luther über das Gebet", in: NZSTh 49/2007, S. 24-41.

Ostmeyer, Karl-Heinrich, „Das Vaterunser: Gründe für seine Durchsetzung als ‚Urgebet' der Christenheit“, in: NTS 50/2004, S. 320-336.

Philonenko, Marc, Das Vaterunser. Vom Gebet Jesu zum Gebet der Jünger, Tübingen 2002.

Rose, Christian, Die Wolke der Zeugen. Eine exegetisch-traditionsgeschichtliche Untersuchung zu Hebräer 10,32–12,3, WUNT, Reihe 2, Bd. 60, Tübingen 1994.

Sidur Sefat Emet mit deutscher Übersetzung von Rabbiner Dr. S. Bamberger, Basel 1989.

Sorg, Theo, Herr, wie sollen wir beten?, Holzgerlingen 2005.

Zahrnt, Heinz, Leben – als ob es Gott gibt. Statt eines Katechismus, München 1992.

Anmerkungen

1 Zitiert nach Kuhn, S. 12.

2 Sorg, S. 25.

3 Lohse, S. 12.

4 Vgl. Lohse, S. 14.

5 Konfirmation (Sonderabdruck 1908), S. 12; vgl. Mutschler, S. 24.

6 DIE ZEIT vom 19.12.2012, Nr. 52.

7 Katechismus nach Luther/Brenz, zitiert nach EG Württ., S. 1488.

8 Vgl. Lohse, S. 43.

9 EG Württ. 658, S. 1190, Text nach dem spanischen „Anunciaremos tu reino Senor" von Maria Pilar Figuera 1965, übertragen von Diethard Zils und Christoph Lehmann 1983.

10 EG Württ. 65, S. 158.

11 Lohse, S. 56.

12 Katechismus nach Luther/Brenz, zitiert nach EG Württ., S. 1489.

13 Sidur, S. 42.

14 Luz, S. 348.

15 Katechismus nach Luther/Brenz, zitiert nach EG Württ., S. 1489f.

16 Lohse, S. 78.

17 Zitiert nach Der Babylonische Talmud, S. 678.

18 Vgl. Rose, S. 204-206.

19 Katechismus nach Luther/Brenz, zitiert nach EG Württ., S. 1490.

20 Sidur, S. 42.

21 Sidur, S. 64.

22 Philonenko, S. 2.

23 Nach Jüngel.

24 EG Württ. 361, S. 699.